一步到位精修电动三轮车

（第2版）

洛阳市绿盟电动车维修培训学校　组编
刘遂俊　主编

机械工业出版社

本书采用图解的形式，以实际操作为重点，系统地介绍了电动三轮车主要部件的结构、工作原理、故障检修流程和检修技巧等。

本书首先从整体上介绍了电动三轮车的分类和主要部件及维修仪表的使用技巧；然后详细介绍了电动机和控制器、蓄电池和充电器的结构和工作原理；接着深入分析了电动机、控制器、充电器和蓄电池等电气部件的检测和更换技巧；最后通过一些典型的电动三轮车综合故障检修实例总结了电动三轮车的故障检修流程和技巧。本书对复杂的结构原理和维修流程的各个步骤进行图像展现，并辅以文字说明，特别是增加了微视频，可以直接扫描二维码观看，读者如亲临维修现场，边看边学，边学边修，快速上手，具有很强的实用性和可操作性。

本书适合电动三轮车维修技术人员、初学维修人员、业余维修人员、售后服务人员、职业培训学校师生、新农村建设技能培训学员及电动三轮车维修爱好者阅读学习。

图书在版编目（CIP）数据

一步到位精修电动三轮车/刘遂俊主编. —2 版. —北京：机械工业出版社，2022.3

ISBN 978-7-111-70019-7

I. ①一… II. ①刘… III. ①机动三轮车 – 维修 IV. ①U483.07

中国版本图书馆 CIP 数据核字（2022）第 009453 号

机械工业出版社（北京市百万庄大街 22 号　邮政编码 100037）
策划编辑：刘星宁　　　　　　责任编辑：刘星宁　朱　林
责任校对：史静怡　张　薇　　封面设计：马精明
责任印制：李　昂
北京圣夫亚美印刷有限公司印刷
2022 年 3 月第 2 版第 1 次印刷
184mm×260mm · 10 印张 · 246 千字
0 001—2 500 册
标准书号：ISBN 978-7-111-70019-7
定价：49.00 元

凡购本书，如有缺页、倒页、脱页，由本社发行部调换

电话服务　　　　　　　　　　　网络服务

客服电话：010-88361066　　　　机　工　官　网：www.cmpbook.com
　　　　　010-88379833　　　　机　工　官　博：weibo.com/cmp1952
　　　　　010-68326294　　　　金　书　网：www.golden-book.com
封底无防伪标均为盗版　　　　　　机工教育服务网：www.cmpedu.com

序

　　电动自行车作为短距离代步工具，具有环保、经济等诸多优势，为人们所喜爱。如今骑电动自行车已经成为一种时尚，越来越多的人选择这种低碳环保的出行方式。未来其将取代人力自行车和摩托车，成为城乡居民理想的日常交通工具。

　　国内电动自行车的产销量持续高速增长，促进了新的维修行业——电动自行车维修业的蓬勃发展。电动自行车是集电子、电化学、电磁和机械为一体，技术含量较高的新型科技产品，特别是近年来，电动自行车技术的发展速度超出了人们的想象，各种新技术、新材料不断应用于电动自行车，电动自行车智能化程度越来越高，功能越来越强大。尤其对从事电动自行车的生产、调试、维护和维修工作的人员需求日益增多，越来越多的人开始从事电动自行车的生产、调试、维修等工作。由于电动自行车使用环境和道路颠簸等原因，且风里来雨里去是经常的事，加之有些用户操作使用不当，高故障率在所难免。针对这一现状，我们进行了深入的市场调研，对当前流行的具备典型代表性的各种电动自行车进行细致的层次划分，并组织编写了一步到位精修电动车系列图书，力求让学习者通过集中式强化学习、操练，在短时间内能一步到位学会电动自行车维修技术。

　　该系列图书具有以下特点：

　　1）该系列图书不同于以往的技能培训图书，以"手把手"教学的方式进行定位；以"零起步一步到位"为基本编写准则，既照顾零基础的初学者，又考虑到有基础的维修人员想深入学习高、新、深的维修技术，按照化整为零的思想，介绍了电动自行车各个主要部件的结构组成、工作原理、拆装技巧、检测与维修更换要领，具有极强的操作性和实用性。

　　2）该系列图书的特色是采用图像+文字的表达方式，将实物照片、电路图、操作图相结合，语言简单易懂，并且读者可以通过手机扫描二维码，观看实际维修视频，生动形象地再现了电动自行车的维修过程，便于读者理解，使读者如临现场，从而达到一步到位学会电动自行车维修的目的。

　　3）具体编写时以"本章导读""相关知识""注意事项""重要提示""重要说明""知识链接""操作禁忌""经验总结""名师指导"为编写标题，突出知识的重点和难点，使初学者从零起步也能"一步到位"掌握电动自行车维修技术。

　　4）该系列图书的另一大特色是以练为主，这种编写模式区别于以往培训图书以学为主的培训观念，以练代学，注重培养读者的实际动手操作能力。以市场需求为导向、以指导就业为培训原则，使读者真正可以"一步到位"学会维修技术。

　　5）最具特色的是，该系列图书在编写时，采用先进的数码照片和微视频技术，将复杂的结构原理和维修流程按步骤以实物现场拍照和录像的形式进行展现，全程记录实操过程，具有较强的实物感和现场感，并辅以易学实用的文字说明，便于读者理解和掌握。力求让读者一看就懂、一学就会、一用就灵。

6）对于广大电动自行车维修人员，特别是没有维修经验、初学维修的人员和想从事电动自行车维修店经营的人员来说，各种资料、仪器、工具和配件的选购成为难点，所以该系列图书在编写时，对这部分内容进行详细介绍，有些内容还在附录中以表格的形式进行了展示，方便读者查阅。

该系列图书由洛阳市绿盟电动车维修培训学校组织编写，校长刘遂俊主编，参加编写的人员都是从事电动自行车培训和维修工作的技术人员，具有较深的理论基础和丰富的实践经验，书中所介绍的维修技术都来源于维修实践，具有很强的针对性和实用性。

由于电动自行车维修使用数字式万用表比较方便，故本书只对数字式万用表进行介绍，书中所测的数据，如果不做特殊说明，均为使用 DT-9205A 数字式万用表所测结果。考虑到维修行业的特殊性，为了便于读者在实际维修时对照参考，书中采用了理论值和实测值两种说法。另外，编写时部分图形符号和文字符号并未按照国家标准做统一修改处理，这点请读者阅读时注意。

通过本书的学习和实践，读者可以迅速成为电动自行车维修的行家能手，如果读者需要购买维修设备、工具、配件以及想要参加技术培训，可以通过以下方式与作者联系。

洛阳市绿盟电动车维修培训学校（本书附赠超值学习卡）
联系地址：河南省郑州市高新区红桦街师新庄社区北门西 20 米，超威电池厂家专卖店
联系电话：15824994061，15137123878

前　言

　　电动三轮车是电动自行车的延伸产品，非常适合我国当前国情，具有广阔的前景，尤其以客、货用电动三轮车为主，近年来数量猛增。然而，有关电动三轮车维修方面的书籍市场上还很少，为此作者编写本书，以飨读者。

　　电动三轮车维修是电动自行车维修技术的延伸，与电动自行车相比，既有相同之处又有不同之处，为了使广大维修人员掌握电动三轮车维修技术，作者结合多年从事电动车理论教学与维修实践编写本书，希望对广大维修人员有所帮助。

　　电动三轮车与电动自行车一样，主要由电气四大件（蓄电池、充电器、电动机、控制器）组成，但它们的具体参数和接线方法有不同之处，所以在实际维修中，需具体了解电气四大件的结构原理、接线方法以及故障维修技巧。

　　本书在具体编写时，采用图文和微视频相结合的方式，将电动三轮车的结构、原理、故障分析、检修和更换技巧等一系列知识点和技能点都融合在实际检修操作过程中。在编写时，作者通过一些典型的电动三轮车综合故障检修实例总结了电动三轮车的故障检修流程和技巧。本书对复杂的结构原理和维修流程的各个步骤等一系列操作过程进行了详细介绍，最终使读者能够建立起规范的维修思路，并能够针对不同的故障，独立完成对故障的诊断分析和维修。

　　另外，附录中还给出了各种电动三轮车的电路图，供读者维修使用。读者通过对本书的阅读学习，可以达到举一反三、触类旁通的效果。

　　本书由洛阳市绿盟电动车维修培训学校组织编写，校长刘遂俊主编，参加本书编写的人员有马利霞、刘伟杰、刘伟豪、刘月玲、李建兴、丁水良、丁惠利、丁少伟、刘武杰等。另外，书中仪器和相关技术资料由洛阳市绿盟电动车维修培训学校提供，在此表示感谢。

　　由于作者水平有限，书中难免有不足之处，望读者批评指正。

作　者

目　录

序
前言
第一章　电动三轮车结构组成和使用养护 ………………………………………… 1
★第一节　电动三轮车的分类和结构组成 ………………………………………… 1
一、电动三轮车简介 ………………………………………………………………… 1
二、电动三轮车的类型 ……………………………………………………………… 2
三、电动三轮车的结构组成 ………………………………………………………… 3
★第二节　电动三轮车的选购与使用养护 ………………………………………… 6
一、电动三轮车的选购 ……………………………………………………………… 6
二、电动三轮车的日常使用与养护 ………………………………………………… 8
三、电动三轮车车厢、车架保养方法 ……………………………………………… 9
四、电动三轮车电气部件检查 ……………………………………………………… 9
第二章　电动三轮车维修工具和仪器使用技巧 …………………………………… 11
★第一节　电动三轮车维修工具使用技巧 ………………………………………… 11
一、拆装工具的功能与使用技巧 …………………………………………………… 11
二、扳手的功能与使用技巧 ………………………………………………………… 12
三、钳子的功能与使用技巧 ………………………………………………………… 13
四、焊接工具的种类与使用技巧 …………………………………………………… 15
五、充气工具的种类 ………………………………………………………………… 17
六、补胎工具的功能与使用技巧 …………………………………………………… 18
七、其他专用维修工具的功能与使用技巧 ………………………………………… 20
★第二节　电动三轮车维修仪器使用技巧 ………………………………………… 23
一、数字式万用表使用技巧 ………………………………………………………… 23
二、LY-1蓄电池检测表使用技巧 …………………………………………………… 26
三、"绿盟"牌LY-2无刷电动车综合检测仪使用技巧 …………………………… 27
四、"绿盟"牌LM-2电动车快速充电站使用技巧 ……………………………… 30
第三章　电动三轮车零部件识别 …………………………………………………… 33
★第一节　电动三轮车的电气部件识别 …………………………………………… 33

一、蓄电池 ·· 33
二、速度控制器 ·· 34
三、大功率充电机 ·· 35
四、电动机 ·· 36
五、转把 ·· 36
六、灯具和开关 ·· 37
七、喇叭 ·· 38
八、倒车语音器 ·· 38
九、行程开关和接线柱 ·· 39
十、电量、时速显示仪表 ·· 39
十一、倒顺开关 ·· 39
十二、直流接触器 ·· 40
十三、电源锁 ·· 40
十四、整车线缆 ·· 41

★第二节 电动三轮车的机械部件识别 ·· 41
一、车把 ·· 41
二、方向柱 ·· 42
三、减振器 ·· 42
四、脚刹和手刹制动器 ·· 43
五、车圈和轮胎 ·· 43
六、弹簧钢板和液压杆 ·· 44
七、高低变档系统和变档手柄 ·· 44
八、差速器 ·· 45
九、车架 ·· 45
十、车厢 ·· 46

第四章 无刷电路电动三轮车结构与维修 ·· 47
★第一节 无刷电路电动三轮车电气零部件原理与维修 ················ 47
一、无刷电路电动三轮车电气原理 ·· 47
二、电源锁结构原理与维修方法 ·· 47
三、转把结构原理与维修方法 ·· 49
四、刹把结构原理与维修方法 ·· 51
五、转换器结构原理与维修方法 ·· 54
六、喇叭结构原理与维修方法 ·· 55
七、灯具结构原理与维修方法 ·· 56
八、组合开关结构原理与维修方法 ·· 57
九、闪光器结构原理与维修方法 ·· 58
十、断路器结构原理与维修方法 ·· 59

十一、过载保护器结构原理与维修方法 …………………………………………… 59
十二、防盗报警器结构原理与维修方法 …………………………………………… 60
十三、仪表结构原理与维修方法 …………………………………………………… 61
★第二节　无刷电路电动三轮车控制器原理与维修 ………………………………… 61
一、无刷控制器的作用和结构原理 ………………………………………………… 61
二、无刷控制器参数及其与外部电路连接 ………………………………………… 63
三、控制器的安装要求 ……………………………………………………………… 64
四、自学习无刷控制器接线和功能 ………………………………………………… 66
五、万能双模四合一无刷控制器接线和功能 ……………………………………… 68
六、无刷控制器常见故障和维修方法 ……………………………………………… 70
七、无刷控制器各接口的工作状态及参数 ………………………………………… 73
★第三节　无刷差速电动机结构原理与接线方法 …………………………………… 74
一、无刷差速电动机简介 …………………………………………………………… 74
二、无刷差速电动机的结构 ………………………………………………………… 74
三、无刷电动机的工作原理 ………………………………………………………… 76
四、无刷电动机与控制器的连接 …………………………………………………… 77
★第四节　无刷差速电动机拆装与维修 ……………………………………………… 79
一、无刷差速电动机的拆装方法 …………………………………………………… 79
二、无刷电动机差速器的拆装方法 ………………………………………………… 81
三、无刷差速电动机的故障维修方法 ……………………………………………… 83
★第五节　充电器结构原理与维修 …………………………………………………… 87
一、充电器简介 ……………………………………………………………………… 87
二、充电器分类 ……………………………………………………………………… 87
三、充电器的结构原理 ……………………………………………………………… 87
四、充电器的常见规格型号 ………………………………………………………… 88
五、充电器的使用要领 ……………………………………………………………… 89
六、充电器的检测方法 ……………………………………………………………… 90
七、充电器的更换方法 ……………………………………………………………… 91
八、充电器的故障维修方法 ………………………………………………………… 92

第五章　有刷电路货运三轮车结构与维修 ……………………………………………… 96
★第一节　有刷控制器结构原理与接线方法 ………………………………………… 96
一、有刷控制器结构原理 …………………………………………………………… 96
二、有刷控制器与外部器件的连接 ………………………………………………… 98
三、有刷控制器的故障维修方法 …………………………………………………… 99
★第二节　有刷串励电动机结构原理与维修方法 …………………………………… 100
一、有刷串励电动机简介 …………………………………………………………… 100
二、有刷串励电动机的结构 ………………………………………………………… 101

　　三、有刷电动机的工作原理 …………………………………………… 103
　　四、有刷串励电动机与控制器连接 …………………………………… 104
　　五、有刷串励电动机的故障维修方法 ………………………………… 105
★第三节　硅整流充电机结构原理与维修方法 …………………………… 108
　　一、硅整流充电机简介 ………………………………………………… 108
　　二、硅整流充电机结构原理 …………………………………………… 109
　　三、硅整流充电机的故障维修方法 …………………………………… 110

第六章　铅酸蓄电池结构与维修 ……………………………………… 112

★第一节　蓄电池结构原理 ………………………………………………… 112
　　一、蓄电池简介 ………………………………………………………… 112
　　二、蓄电池规格型号 …………………………………………………… 112
　　三、蓄电池性能指标 …………………………………………………… 113
　　四、蓄电池的结构组成 ………………………………………………… 114
　　五、蓄电池的工作原理 ………………………………………………… 116
★第二节　蓄电池的检测、安装和保养 …………………………………… 117
　　一、蓄电池的检测方法 ………………………………………………… 117
　　二、蓄电池的串联安装方法 …………………………………………… 119
　　三、蓄电池的使用和保养技巧 ………………………………………… 120
★第三节　蓄电池的常见故障和维修 ……………………………………… 121
　　一、蓄电池变形鼓包 …………………………………………………… 121
　　二、蓄电池内部失水，充电时发热 …………………………………… 122
　　三、蓄电池自放电严重 ………………………………………………… 122
　　四、蓄电池内部短路 …………………………………………………… 123
　　五、蓄电池电解液发黑 ………………………………………………… 123
　　六、蓄电池极板硫化 …………………………………………………… 124

第七章　铅酸蓄电池脉冲修复原理和方法 …………………………… 125

★第一节　蓄电池脉冲修复基本原理 ……………………………………… 125
　　一、蓄电池报废的主要原因——硫酸盐化 …………………………… 125
　　二、蓄电池硫酸盐化产生原因和保养方法 …………………………… 125
　　三、蓄电池修复技术简介 ……………………………………………… 126
　　四、蓄电池脉冲修复理论依据和科学原理 …………………………… 127
★第二节　蓄电池修复所用工具和仪器 …………………………………… 128
　　一、小号一字形螺丝刀 ………………………………………………… 128
　　二、注射器或吸管 ……………………………………………………… 129
　　三、PVC 胶水 …………………………………………………………… 129
　　四、密度计 ……………………………………………………………… 129

五、蓄电池补充电解液 …… 129
六、"绿盟"牌蓄电池高效修复剂 …… 129
七、"绿盟"牌LY-6五合一蓄电池智能脉冲修复仪 …… 130
八、"绿盟"牌LY-7蓄电池智能脉冲修复仪 …… 131
九、"绿盟"牌LY-8蓄电池检测修复组合柜 …… 132
十、"绿盟"牌LY-9蓄电池检测修复组合柜 …… 133
十一、"绿盟"牌LY-10蓄电池检测修复组合系统 …… 134
十二、"绿盟"牌LY-5蓄电池容量精密测试仪 …… 135

★第三节　蓄电池修复方法 …… 137
　一、筛选可修复的蓄电池 …… 137
　二、电动三轮车小容量蓄电池的修复方法 …… 138
　三、电动三轮车大容量蓄电池的修复方法 …… 140
　四、蓄电池修复不好的原因 …… 142
　五、蓄电池修复后配组 …… 142

附录 …… 144

附录A　电动三轮车常见故障与维修排除表 …… 144
附录B　电动三轮车飞车故障与维修流程图 …… 145
附录C　电动三轮车防盗器接线图 …… 145
附录D　立马电动三轮车电气原理图 …… 146
附录E　有刷电动三轮车电气接线图 …… 147
附录F　48V/1000W 串励电动三轮车控制系统图 …… 148
附录G　电动三轮车常用配件 …… 149

第一章

电动三轮车结构组成和使用养护

> **本章导读**：本章首先介绍了电动三轮车的类型、结构原理，以及电动三轮车各部件识别，最后介绍了电动三轮车的选购要领和日常养护。通过本章内容的学习和实践，读者可以初步认识电动三轮车结构中各零部件的名称与作用，为下一步学习打好基础。本章的重点内容是电动三轮车结构和各部件的识别。

★★★ 第一节　电动三轮车的分类和结构组成 ★★★

一、电动三轮车简介 ★★★

电动三轮车是以蓄电池为动力、电动机为驱动的拉货或载人用的三轮运输工具。常见电动三轮车外形如图1-1所示。

电力驱动作为一种环保、清洁、转换率高的重要能源来源，广泛用于生产和生活，以电力为应用来驱动交通工具，促进交通运输行业的低碳化发展，降低交通成本，节约能源，保护环境，是世界各国在研究的重要课题之一。经过几十年的发展，已经应用在城市电动公交车辆、厂矿电动运输车辆，城

图1-1　常见电动三轮车外形

市电动环卫清洁车辆、工程、隧道、地铁施工专用车辆等诸多领域。电动三轮车具有适用性强、机动灵活、维护简单、维修方便、价格低廉等优点，可以灵活地穿行于狭小的马路间。电动三轮车具有倒车开关，可以方便地实现倒顺行驶功能，这在道路狭窄的胡同、小巷非常实用，无论行驶还是停车均非常方便。电动三轮车广泛应用于家庭、城乡、个体出租、厂区、矿区、环卫、社区保洁等短途运输领域。

电动三轮车主要有以下优点：

(1) 节约环保

电动三轮车骑行过程中没有污染,有利于环境的保护,平均运行成本是同等机动车的五分之一,并且可以在夜间电力使用低谷时充电,充分利用电力资源,有较好的社会效益。电动三轮车充电器采用开关电源充电技术,充电过程中不会产生有害气体。

(2) 结构简单、操作维修方便

电动三轮车采用了优质大容量牵引铅酸或免维护蓄电池,调速系统为控制器无级调速,可以实现平稳调速。

(3) 具有倒档行驶功能

电动三轮车有倒车档位,可以方便地实现倒车行驶,这在狭窄的胡同、小巷非常实用。

(4) 驾驶灵活方便

电动三轮车体积小,可以灵活地穿行于狭窄的马路之间,且停车非常方便。

(5) 无噪声

电动三轮车采用优质直流电动机,运行噪声小,使用寿命长。

(6) 运行费用低

电动三轮车采用了优化设计,提高了充电效率,降低了运行磨损,每次充电可行驶130km以上,耗电5~10kWh,平均运行费用为0.03~0.05元/km。

目前,电动三轮车由于具有车速慢、操作简单、使用成本低、实用性强等优点,已经在我国城乡大量使用。但是,电动三轮车也有一定的缺陷,当狂风骤雨来袭时,使用效果不好,这在一定程度上限制了电动三轮车的使用范围。一年之中难免有2~3个月是雨季,冬季凛冽的寒风少说也有2~3个月。因此,有的厂家和个人在电动三轮车上加装了车棚来抵御寒风骤雨。带棚电动三轮车外形如图1-2所示。

图1-2 带棚电动三轮车外形

二、电动三轮车的类型 ★★★

电动三轮车按采用电动机的种类不同可分为有刷电动三轮车和无刷电动三轮车。

电动三轮车按市场上的销售和用途分类,可分为老年代步电动三轮车,例如"小巴士"电动三轮车;客运电动三轮车;货运电动三轮车,例如垃圾运输电动三轮车。

老年代步电动三轮车,俗称"小巴士",早期生产采用的是侧轮外置电动机,这种结构的电动三轮车没有后大轴,载重量轻,行驶中易侧翻,电动机功率为350W,蓄电池采用48V 20Ah蓄电池组。"小巴士"电动三轮车外形如图1-3所示。

现在市场上电动三轮车大多采用带后桥中置式差速电动机,中置式差速电动机同时驱动两个后轮,车辆稳定性好,起动平稳。

客运电动三轮车现在都采用中置式差速电动

图1-3 "小巴士"电动三轮车外形

机，电动机功率为350W、500W、800W、1000W等，蓄电池采用48V 20Ah蓄电池组、48V 32Ah蓄电池组、60V 32Ah蓄电池组、60V 45Ah蓄电池组。载重量一般为200～300kg，安装有前进和倒车开关，高、中、低调速系统，行驶速度为30～50km/h。客运电动三轮车安装有车棚，驾驶和接送客人体验更好，不怕刮风下雨。客运电动三轮车外形如图1-4所示。

货运电动三轮车采用有刷串励电动机和无刷差速电动机两种，电动机功率为500～1000W，载货量一般为300～500kg，配置有倒顺开关和高、中、低调速系统。配置有电压为48V、60V、72V，容量为100Ah的铅酸蓄电池，行驶车速为30～50km/h。货运电动三轮车外形如图1-5所示。

图1-4　客运电动三轮车外形

图1-5　货运电动三轮车外形

三、电动三轮车的结构组成 ★★★

电动三轮车整车构造如图1-6所示。

扫一扫看视频

图1-6　电动三轮车整车构造

★ 1. 机械和塑件系统的构成

（1）全车铁件

全车铁件有车把、前叉、前减振、前轮、后轮、车架、车厢、脚刹、手刹、后桥等。

车把的作用是骑行者用于控制电动三轮车的行驶方向。车把上安装有仪表、转把、灯具和喇叭的控制开关等。车把外形如图1-7所示。

前叉和前减振的作用是缓解路面带来的冲击，迅速吸收颠簸时产生的振动，使车辆恢复到正常行驶状态。前叉和前减振外形如图1-8所示。

图1-7　车把外形

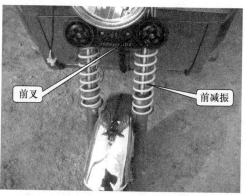

图1-8　前叉和前减振外形

前轮、后轮是驱动电动三轮车行驶的部件。车轮由轮毂和轮胎组成。车轮外形如图1-9所示。

车架俗称大梁，它是整个电动三轮车的基体，电动三轮车的绝大部分机件都是通过车架来固定其位置的。车架的作用是支撑、连接电动三轮车的各总成，使各总成保持相对正确的位置，并承受来自车内外的各种载荷。

车架一般由两根纵梁和几根横梁组成，经由悬挂装置、前桥、后桥支撑在车轮上。车架必须具有足够的强度和刚度，以承受电动三轮车的载荷和从车轮传来的冲击。

车架外形如图1-10所示。

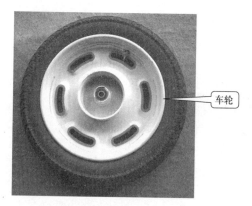

图1-9　车轮外形

图1-10　车架外形

车厢的作用是载人或装货。车厢一般采用铁质材料制造，外表采用静电喷塑工艺，具有防腐蚀和外表美观、耐磨等作用。车厢外形如图1-11所示。

脚刹、手刹用于骑行中需要停车时的制动，使电动三轮车停车。脚刹外形如图1-12所示；手刹外形如图1-13所示。

后桥是电动三轮车动力传递的后驱动轴组成部分。电动三轮车后桥包括电动机、桥壳、

第一章 电动三轮车结构组成和使用养护

图 1-11 车厢外形

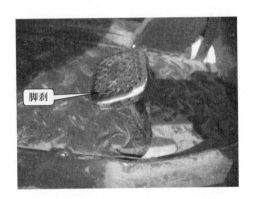

图 1-12 脚刹外形

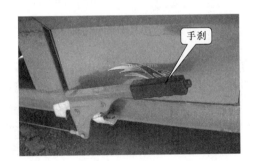

图 1-13 手刹外形

半轴、桥腿、轮毂、制动器和差速器。它由两个半桥组成差速器，可实施半桥差速运动。同时，它也是用来支撑车轮和连接后车轮的装置。后桥与电动机相连，是驱动桥，它除了起承载作用外，还起到驱动、减速和差速的作用。

差速器是一个整体，里面上下有小齿盘，中间有十字柱，上面带两个小行星的齿轮（起到转弯调速作用）差速器是立着放的，两边有两个小圆洞，上面有滑键，人们常说的半轴就是在这里面插着，走直线的时候十字柱不动，转弯的时候十字柱动起来调整两边轮胎的转速，来提高电动三轮车在转弯时的机动性。

后桥外形如图 1-14 所示。

图 1-14　后桥外形

（2）全车塑件

塑件是电动三轮车的装饰。电动三轮车塑件主要有头罩、仪表壳、后视镜、挡泥板等。如果塑件损坏，可用 AB 胶或塑料焊枪进行维修；损坏过度的，需更换新件。如果塑件松动发生共振问题，则可以进行紧固。

★ 2. 电气系统的构成和工作原理

电动三轮车全车线路有头线、整车线束、后尾灯线、开关总成线等。

电动三轮车电气系统工作原理如图 1-15 所示。

扫一扫看视频

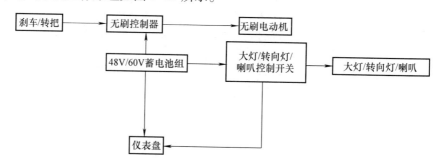

图 1-15　电动三轮车电气系统工作原理

电动三轮车电气系统有以下特点：

1）全车电路方向：直流电必须由正到负，有方向性，有严格的正、负极之分。

2）常用电源：由单块 12V 蓄电池串联组成 48V、60V、72V 蓄电池组。

3）电源变压系统：转换器（直流变压器）。

4）开关系统：开关只管正极线路，所有正极线路必须经过相应开关系统而后进入各电器部件。

5）全车线路：所有负极线路全部相互连通，直达各电器部件。

★★★ 第二节　电动三轮车的选购与使用养护 ★★★

一、电动三轮车的选购 ★★★

目前，电动三轮车品牌很多。消费者应该挑选返修率低、质量好、售后服务完善、信誉良好的品牌，最好到专卖店购买。由于目前各电动三轮车有些零部件尚未通用，维修时配件不易购买，所以一般应选购市场上流行、拥有量大的品牌。

第一章 电动三轮车结构组成和使用养护

★ 1. 选购时的原则

1）看品牌。目前，电动三轮车品牌众多，产品质量不一，消费者应该挑选质量好、有信誉的品牌。

2）看服务。由于目前各电动三轮车有些部件尚未通用，维修还达不到社会化，所以选购的电动三轮车一定要注意是否在本地区设有专门的售后服务点，若图便宜而忽视售后服务，将来维修将非常困难。

3）看配件。电动三轮车零配件的强度要求和性能要求应高于普通三轮车。选购时，用户要看整车选用零部件的质量，例如电动机、蓄电池、轮胎、控制器及充电器是否为品牌厂家所生产，车架和前叉的焊接及表面是否有缺陷，所有零配件的制造是否优良，车架是否结实，紧固件是否防锈。

★ 2. 选购时的要点

1）检查外观，看油漆、电镀件表面是否完好。

2）按说明书实际操作一遍，检查整车的工作状态：调速过渡应平滑，起步无冲击感，车轮转动应灵活、无滞重感，轮毂转动声音柔和、无异响，刹车应松紧适度、制动可靠。

3）还要检查一下电动三轮车的辅助功能，例如电量显示、速度、里程显示等是否处于正常状态。

4）各种附件、充电器、合格证、说明书及保修卡是否齐全。

★ 3. 重点检查车架

车架是电动三轮车的骨架，有了车架才能装上各种零件。车架由铁、铝合金等材料组成，管材的长短、构成的角度等会影响整车的特性。应重点检查如下项目：

1）查看焊接件的焊缝有无漏焊、烧透等缺陷；铸铁件等有无气孔、砂眼等。

2）查看各个零部件的连接是否牢靠，各个螺栓、螺母处的平垫圈、弹簧垫圈是否缺少或压紧，开口销连接处是否可靠等。

3）对照电动三轮车的使用说明书，仔细观看零部件是否齐全，外表上有无破裂、残缺、磕伤、拉毛等现象。

★ 4. 车厢选购技巧

电动三轮车车厢是电动三轮车后部主要用来存放货物的地方。选购时要重点注意如下事项：

1）要看好车厢的规格。因为电动三轮车有着不同的尺寸大小，所以相应的，三轮车的车厢也有着配套的尺寸，大家在进行选购的时候首先要注意的就是要找对适合的规格尺寸，以免发生不适用的问题。

2）在电动三轮车车厢的选择中，要注意好车厢的质量安全问题，因为车厢是用来载货的，而且是后期加工的，所以对于车厢的整体结构、质量、安全系数都要进行严格检查，确保自己购买的是安全的产品。

3）要注意好车厢的重量问题，因为车厢可以采用多种不同的材料来进行制作，有的金属可能在重量上面比较沉重，这样的车厢对于功率小的电动三轮车来说就有着很大的负担，并不是非常适合。

按照以上方法，消费者可以准确地挑选到适合自己的、性能好、质量高的电动三轮车。

二、电动三轮车的日常使用与养护 ★★★

电动三轮车整车保养包括检查全车所有螺钉、螺母是否坚固,控制性能是否良好,轮胎是否需要更换,机械系统是否良好,蓄电池容量是否达标,有刷电动机应每年维修一次。具体保养内容如下:

1)整车全面调试,检查电气控制线路有无故障隐患,电器连接线有无破损,如有,应就地排除。

2)调整前后刹车,确保刹车灵活可靠。

3)车把转向是否可靠,是否存在车把与前叉产生相互滑动的现象。

4)骑行前应检查蓄电池盒是否锁牢,轮胎气压是否正常,显示面板的各灯显示是否正常。

5)应避免整车长时间烈日暴晒和雨淋,以免使控制器内元器件损坏,造成操作失灵,发生意外事故。

6)雨天行驶在积水路面时,注意在积水深度不超过电动车轮中心情况下可正常行驶,如行驶路面积水深度超过电动车轮中心,将可能使电动车轮渗水而造成故障。

7)整车应避免放在空气潮湿、温度过高或有腐蚀性气体的场所,以免使金属零件的电镀油漆表面发生化学腐蚀。

8)电气控制部分结构复杂,用户不应擅自拆装、修理。如当地充电电压不稳定时,易使充电机熔丝熔断,必要时可使用交流稳压器。

9)骑行电动三轮车时不应超载,不应放置过重物品和带人,以免损坏蓄电池和电动机。

10)电动三轮车在倒退时感觉较重,以及向前推行时轮毂内有轻微摩擦声,均属正常现象。

11)应定时检查蓄电池(夏天1个月检查一次,冬天2~3个月检查一次)液面是否在标线以下,如果露出极板,就要及时补充蒸馏水。注意千万不要加硫酸,因为每块蓄电池出厂时已按配比调整好电解液浓度,加硫酸会破坏已有的酸碱度平衡,造成极板腐蚀,影响蓄电池使用寿命。

12)电动三轮车的润滑是保养的重要内容,根据使用情况,应对前轴、后轴、中轴、飞轮、前叉、避振器转动支点等部件每半年至一年进行一次擦洗和润滑。

13)如果是差速电动机,第一次使用时后轴差速器内注意要加齿轮油,以后定期检查后轴差速器有无漏油、密封垫破损、缺少润滑油现象,若有上述现象,应及时更换密封垫、补充润滑油。每半年要放掉差速器内的齿轮油,然后更换新的齿轮油。后轴差速器外形如图1-16所示。

14)电动机链轮、链条定时加润滑油,如磨损严重应及时更换,以免影响使用。

15)整车螺栓定期紧固一遍,检查有无松动、脱落现象,适当上防锈液,避免螺钉生锈造成后期检修困难。

16)整车清洁、擦拭干净。

电动三轮车后轮检查如图1-17所示。

图 1-16　后轴差速器外形

图 1-17　电动三轮车后轮检查

三、电动三轮车车厢、车架保养方法 ★★★

在日常生活中要经常对电动三轮车车厢、车架进行维修保养,这样才能更好地延长其寿命。以下是电动三轮车车厢、车架的保养方法:

1)检查所有的螺钉、螺母是否坚固,控制性是否良好,轮胎是否需要更换,机械系统是否良好,电池容量是否达标。

2)对电动三轮车前、后刹车进行检查,确保刹车灵活可靠,并要检查车把转向是否可靠,是否存在车把与前叉相互滑动的现象。

3)电动三轮车轮胎要充足气。还要对前后轮轴、中轴、前叉进行重点检查。整车螺栓全部紧固一遍,适当上防锈液。

四、电动三轮车电气部件检查 ★★★

检查电气控制线路有无故障隐患,蓄电池插座是否松动,蓄电池盒锁是否起作用,喇叭、大灯开关、按钮是否灵活可靠,蓄电池盒是否晃动。

电动三轮车电气部件检查如图 1-18 所示。

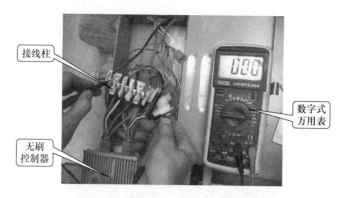

图 1-18　电动三轮车电气部件检查

　　另外，在日常保养中，注意整车清洁、擦拭干净。当发现电动三轮车有故障时，一定要及时检查维修，防止在行驶中出现故障。

第二章

电动三轮车维修工具和仪器使用技巧

本章导读：本章主要讲述电动三轮车维修工具和仪器的使用技巧。内容涉及电动三轮车维修工具和仪器的常用种类选购和使用技巧。通过本章内容的学习和实践，读者可以了解电动三轮车维修工具和仪器的选购及使用常识。

★★★ 第一节　电动三轮车维修工具使用技巧 ★★★

一、拆装工具的功能与使用技巧 ★★★

★ 1. 螺丝刀的功能和类型

螺丝刀是一种用于拧紧或拧松带有槽口的螺栓或螺钉的工具，又称为"改锥""起子"。有一字形螺丝刀、十字形螺丝刀、冲击螺丝刀和电动螺丝刀等几种。现在大多维修店都配有电动螺丝刀，使用方便，工作效率高，价格也不贵。

常用十字形螺丝刀外形如图 2-1 所示；冲击螺丝刀外形如图 2-2 所示；电动螺丝刀外形如图 2-3 所示。

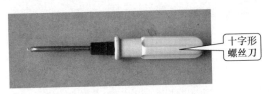

图 2-1　常用十字形螺丝刀外形

图 2-2　冲击螺丝刀外形

图 2-3　电动螺丝刀外形

★ 2. 螺丝刀工作原理和使用技巧

螺丝刀工作原理：螺丝刀用来拧螺丝时利用了轮轴的工作原理。当轮越大时越省力，所以使用粗把的螺丝刀比使用细把的螺丝刀拧螺丝时更省力。

螺丝刀的使用技巧：将螺丝刀拥有相应形状的端头对准螺丝的顶部凹坑，固定，然后开始旋转手柄。根据规格标准，顺时针方向旋转为嵌紧；逆时针方向旋转则为松出。

二、扳手的功能与使用技巧 ★★★

扳手的作用有两种，第一，主要功能是增大杠杆的作用力臂；第二，就是在某种情况下便于操作。例如，螺丝孔很小，必须使用专用扳手才能拆装。

扳手有很多种，包括呆扳手、梅花扳手、活扳手、套管扳手、内六方扳手等。有条件的维修人员可以购买电动扳手，使用方便，工作效率高。电动扳手配有可以充电的锂电池，可以反复使用。另外，电动扳手还要购买各种型号的套筒才能使用。电动扳手外形如图2-4所示。

★ 1. 呆扳手

呆扳手的一端或两端制有固定尺寸的开口，用于拧转一定尺寸的螺母或螺栓。呆扳手外形如图2-5所示。

★ 2. 梅花扳手

梅花扳手两端具有带六角孔或十二角孔的工作端，适用于工作空间狭小、不能使用普通扳手的场合。梅花扳手外形如图2-6所示。

图2-5　呆扳手外形

图2-4　电动扳手外形

图2-6　梅花扳手外形

★ 3. 两用扳手

两用扳手一端与单头呆扳手相同，另一端与梅花扳手相同，两端拧转相应规格的螺栓或螺母。两用扳手外形如图2-7所示。

★ 4. 活扳手

活扳手的开口宽度可在一定尺寸范围内进行调节，用于拧转不同规格的螺栓或螺母。该扳手的结构特点是固定钳口制成带有细齿的平钳口；活动钳口一端制成平钳口；另一端制成带有细齿的凹钳口；向下按动蜗杆，活动钳口可迅速取下，调换钳口位置。活扳手外形如图2-8所示。

第二章 电动三轮车维修工具和仪器使用技巧

图 2-7 两用扳手外形

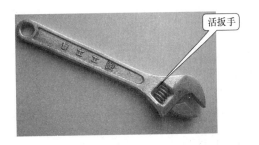

图 2-8 活扳手外形

★ 5. 套筒扳手

套筒扳手由多个带六角孔或十二角孔的套筒并配有手柄、接杆等多种附件组成，特别适用于拧转空间十分狭小或凹陷很深处的螺栓或螺母。套筒扳手外形如图 2-9 所示。

★ 6. 内六角扳手

内六角扳手外形成 L 形，专用于拧转内六角螺钉。内六角扳手的型号是按照六角的对边尺寸来说的，螺栓的尺寸有国家标准；用于拆装电动三轮车转把、刹把、电动机等。内六角扳手外形如图 2-10 所示。

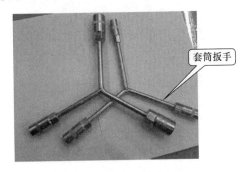

图 2-9 套筒扳手外形

图 2-10 内六角扳手外形

三、钳子的功能与使用技巧 ★★★

钳子是一种运用杠杆原理的典型工具之一。钳子的刀口可用来剖切软电线的橡皮或塑料绝缘层。

使用钳子时，将钳口朝内侧，便于控制钳切部位，用小指伸在两钳柄中间来抵住钳柄，张开钳头，这样分开钳柄灵活方便。不可用钳子剪切双股带电电线，这样会造成短路。

钳子有很多种，常见的有老虎钳、尖嘴钳、剥线钳、钢丝钳、卡簧钳、水泵钳等。

★ 1. 老虎钳

老虎钳的作用是用来切断电线、钢丝等较硬的金属线。

老虎钳外形如图 2-11 所示。

电工常用的老虎钳有 150mm、175mm、200mm 及 250mm 等多种规格，可根据内线或外线工种需要进行

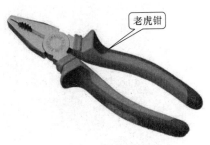

图 2-11 老虎钳外形

选购。老虎钳的齿口也可用来紧固或拧松螺母。刀口可用来切剪电线、铁丝。剪 8 号镀锌铁丝时，应用刀刃绕表面来回割几下，然后只需轻轻一扳，铁丝即断。老虎钳的绝缘塑料管耐压 500V 以上，有了它可以带电剪切电线。使用中切忌乱扔，以免损坏绝缘塑料管。切勿把老虎钳当锤子使用。

★ 2. 尖嘴钳

尖嘴钳用来夹取操作空间较小或体积较小的物件。尖嘴钳外形如图 2-12 所示。

★ 3. 剥线钳

剥线钳为内线电工、电动机修理工、仪器仪表电工常用的工具之一。它适用于塑料、橡胶绝缘电线及电缆芯线的剥皮。使用方法是：将待剥皮的线头置于钳头的刃口中，用手将两钳柄一捏，然后一松，绝缘皮便与芯线脱开。

剥线钳外形如图 2-13 所示。

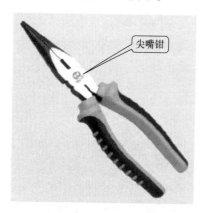

图 2-12　尖嘴钳外形

图 2-13　剥线钳外形

★ 4. 钢丝钳

钢丝钳是一种可以把坚硬的细钢丝夹断的工具。电动三轮车维修时，主要用于夹断电动三轮车的刹车钢丝。钢丝钳外形如图 2-14 所示。

★ 5. 卡簧钳

卡簧钳是一种用来安装内簧环和外簧环的专用工具，外形上属于尖嘴钳一类，钳头可采用内直、外直、内弯、外弯几种形式，不仅可以用于安装簧环，也能用于拆卸簧环。卡簧钳分为外卡簧钳和内卡簧钳两种。电动三轮车维修时，主要用于拆装电动机轴卡簧和拆装半轴轴承卡簧。卡簧钳外形如图 2-15 所示。

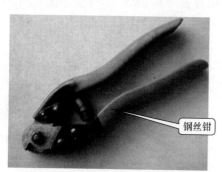

图 2-14　钢丝钳外形

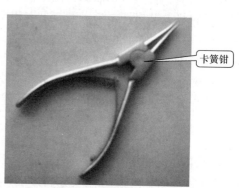

图 2-15　卡簧钳外形

第二章 电动三轮车维修工具和仪器使用技巧

★ 6. 水泵钳

水泵钳的作用类似管钳，但比管钳更轻便、小巧、易用。它用于夹持扁形或圆柱形金属零件，其特点是钳口的开口宽度有多档（三至四档）调节位置，以适应夹持不同尺寸的零件的需要。电动三轮车维修时，主要用于夹取车把八件碗时使用，操作方便。水泵钳外形如图 2-16 所示。

四、焊接工具的种类与使用技巧 ★★★

★ 1. 电烙铁和烙铁架的功能与使用技巧

（1）电烙铁和烙铁架功能

电烙铁是电动三轮车和电器维修的必备工具，主要用途是焊接元器件及导线时对工件和焊锡进行加热。按机械结构可分为内热式电烙铁和外热式电烙铁，按功能可分为无吸锡式电烙铁和吸锡式电烙铁，根据功率不同又分为大功率电烙铁和小功率电烙铁。烙铁架的作用主要是存放电烙铁和焊料。电烙铁和烙铁架外形如图 2-17 所示。

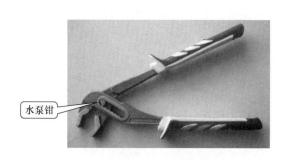

图 2-16 水泵钳外形

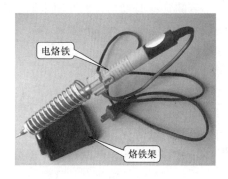

图 2-17 电烙铁和烙铁架外形

（2）电烙铁的使用技巧

首先，新购的电烙铁第一次使用时，要先将电烙铁加热，等烙铁头温度能熔化焊锡丝时，就要把焊锡丝放在烙铁头上，让焊锡熔化在烙铁头表面，防止烙铁头氧化后不上锡。也可以涂少许松香。这样处理后，烙铁头就很容易上锡了，不会出现"锡球"一晃就掉下来的情况。

其次，要焊接的部位（例如蓄电池连线），先要做去氧化处理，例如，用小刀刮干净被焊接表面氧化层，涂少许焊锡膏，再同时把焊锡丝和烙铁头放到焊接部位上，熔化少许焊锡丝后，就能焊接牢固。

★ 2. 焊锡和助焊剂的功能与使用技巧

焊锡是一种焊料。焊料是一种熔点比被焊金属熔点低的易熔金属。焊料熔化时，在被焊金属不熔化的条件下能润浸被焊金属表面，并在接触面处形成合金层，而与被焊金属连接到一起。它是焊接线路中连接电子元器件的重要原材料，广泛应用于电子工业、家电制造业、汽车制造业、维修业和日常生活中。焊锡外形如图 2-18 所示。

助焊剂是在焊接工艺中能帮助和促进焊接过程，同时具有保护作用、能阻止氧化反应的化学物质。电器维修使用的助焊剂有松香和焊锡膏。松香是松树树干内部流出的油经高温熔化成水状，干结后变成块状固体，其颜色焦黄深红，在电器维修方面主要用在电路板焊接时作助焊剂。松香的优点是纯天然，无腐蚀性。松香外形如图2-19所示。

图2-18 焊锡外形

图2-19 松香外形

焊锡膏是一种新型焊接材料，是由焊锡粉、助焊剂以及其他的表面活性剂、触变剂等加以混合形成的膏状混合物，主要用于电器维修和电子行业印制电路板（PCB）表面电阻、电容、集成电路等电子元器件的焊接。焊锡膏的优点是可以去除焊接件表面的氧化层，缺点是有腐蚀性。

焊锡膏外形如图2-20所示。

★ 3. 吸锡器的功能与使用技巧

吸锡器是一种修理电器时使用的工具，它的作用是收集拆卸焊盘电子元器件时熔化的焊锡，有手动、电动两种。维修拆卸零件时，需要使用吸锡器，尤其是大规模集成电路，更为难拆，拆不好容易破坏印制电路板，造成不必要的损失。简单的吸锡器是手动的，且大部分是塑料制品，它的头部由于会常常接触高温，因此通常都采用耐高温塑料制成。手动吸锡器外形如图2-21所示。

图2-20 焊锡膏外形

图2-21 手动吸锡器外形

知识链接

1）在焊接前，要刮干净元器件引脚表面的氧化层。如果不刮净氧化层，焊接后时间一久，氧化层扩大，会引起接触不良，这是维修中常见的故障，这类故障很难排除。

2)焊接时把电铬铁加热到合适的温度。蘸松香挂锡,挂锡量要适度,如果挂锡太多可抖掉一些。焊接时首先把导线或元器件按位置安装好,然后左手拿焊锡丝,右手拿电铬铁,接触几秒,烙铁头离开焊点,几秒后焊点凝固。要求焊点光滑、牢固、质量可靠。

3)焊接的窍门在于是否要一次性焊接好,因为电烙铁是有一定热量的,如果将电烙铁长时间停留在焊接处,很可能会使电烙铁上的热传递到非焊接的部件上,损坏高精度的部件。这是电子元器件焊接时特别值得注意的地方,以此来避免损坏元器件内部的电路。

4)另外,要保证焊接质量,除了要有助焊剂和低熔点焊锡丝外,重要的是要掌握好烙铁的温度。一般用烧热的烙铁头去蘸松香,看见有烟冒出,同时还能听见轻微的"扑哧"声,说明烙铁头温度正合适;如果有烟但丝毫听不见"扑哧"声,说明温度不够,化不开锡也焊不牢;如果"扑哧"声太大,冒烟过多,表明烙铁头温度太高,这时焊出的焊点发黏,焊点也无光泽,还容易烫坏被焊元器件,烙铁头也容易"烧死"。

5)焊料与焊剂使用要适量,一般焊接点上的焊料与焊剂使用过多或过少会给焊接质量造成很大的影响。

6)焊接过程中不要触动焊接点,在焊接点上的焊料尚未完全凝固时,不应移动焊接点上的被焊元器件及导线;否则,焊接点会变形,出现虚焊现象。

7)要及时做好焊接后的清理工作。焊接完毕后,应剪掉多余的导线头,及时清理焊接时掉下的锡渣,防止落入电子产品内给以后带来安全隐患。

五、充气工具的种类 ★★★

★ 1. 交流电动气泵

使用交流电动气泵可以对电动自行车、电动三轮车、汽车的轮胎进行充气,用途广泛,充气速度快。交流电动气泵外形如图2-22所示。

图2-22 交流电动气泵外形

★ 2. 小型直流电动气泵

小型直流电动气泵可以随车携带,并且使用电动三轮车自身的直流电源进行供电。小型直流电动气泵外形如图2-23所示。

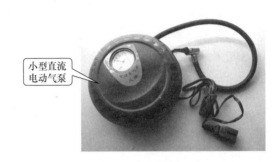

图2-23 小型直流电动气泵外形

★ 3. 打气筒

打气筒是手动对电动自行车和电动三轮车进行充气的工具,缺点是较费力。

打气筒外形如图2-24所示。

六、补胎工具的功能与使用技巧 ★★★

★ 1. 普通轮胎修补工具

补胎工具是对电动三轮车轮胎进行更换和修补时的专用工具。

补胎工具包括扒胎工具、电动搓胎(电磨)工具和补胎胶水、胶片。扒胎工具外形如图2-25所示;电动搓胎工具外形如图2-26所示;补胎胶水、胶片外形如图2-27所示。

图2-24 打气筒外形

图2-25 扒胎工具外形

★ 2. 真空胎修补工具

真空胎修补工具专用于修补真空轮胎。真空胎修补工具包括锥形锉、带眼锥子和补胎胶条。锥形锉、带眼锥子的作用是将真空胎扎孔和填入胶条;补胎胶条俗称"牛筋",用于填实轮胎洞孔。真空胎修补工具外形如图2-28所示。

修补真空胎的时候,先用锥形锉将真空胎破洞锉一下,然后把橡胶条穿在锥子尖端的针眼里面,锥子穿上橡胶条使劲插入,深度一定要穿透轮胎,然后拔出,最后用小刀割掉橡胶

第二章　电动三轮车维修工具和仪器使用技巧

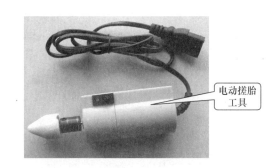

图 2-26　电动搓胎工具外形

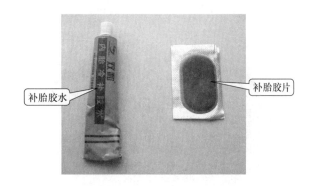

图 2-27　补胎胶水、胶片外形

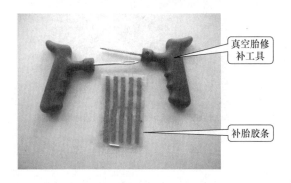

图 2-28　真空胎修补工具外形

条头，将轮胎补充气。

★ 3. 手工扒胎工具和电动扒胎工具

手工扒胎工具和电动扒胎工具的作用是将轮胎先与车圈分离，方便将轮胎从车圈上取下。有条件的可以购买电动扒胎工具。使用电动扒胎工具时，需要安装在电动气胎的气管上，通过开关进行伸缩操作。手工扒胎工具外形如图 2-29 所示；电动扒胎工具外形如图 2-30所示；电动扒胎工具实际使用操作如图 2-31 所示。

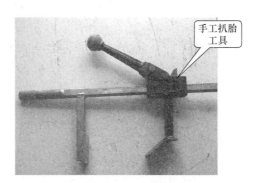

图 2-29　手工扒胎工具外形

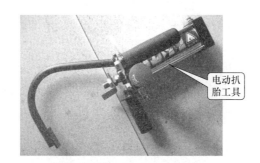

图 2-30　电动扒胎工具外形

图 2-31　电动扒胎工具实际使用操作

七、其他专用维修工具的功能与使用技巧 ★★★

★ 1. 拔卸器

拔卸器又称拉码，它的作用是维修电动机轴承时，将轴承从电动机轴上取下。拔卸器有两爪和三爪两种。三爪拔卸器外形如图 2-32 所示。

★ 2. 千斤顶

千斤顶的作用是维修电动三轮车时将电动三轮车后车轮支起，方便维修。2t 千斤顶外形如图 2-33 所示。

★ 3. 手电钻

手电钻的作用是在维修电动三轮车时对工件进行钻孔。选购手电钻时，要选购可以正、

第二章　电动三轮车维修工具和仪器使用技巧

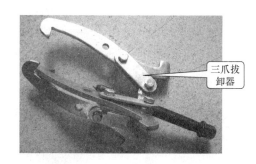

图 2-32　三爪拔卸器外形

图 2-33　2t 千斤顶外形

倒转的手电钻。手电钻外形如图 2-34 所示。

★ 4. 热熔胶枪及塑料棒

热熔胶枪的作用是将塑料棒加热熔化，对电动三轮车插接件、塑件和蓄电池极柱进行打胶处理。热熔胶枪及塑料棒外形如图 2-35 所示。

图 2-34　手电钻外形

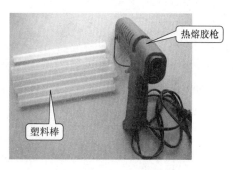

图 2-35　热熔胶枪及塑料棒外形

★ 5. 磨光机

磨光机是用来进行金属表面打磨处理的一种手动、电动工具。在维修电动三轮车时，可用于对金属进行切割处理。磨光机外形如图 2-36 所示。

★ 6. 电焊机

电焊机的作用是对电动三轮车铁件进行焊接和修补。维修人员购买小型单相电焊机即可。电焊机外形如图 2-37 所示。

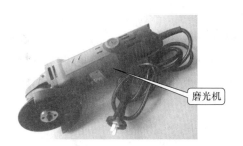

图 2-36 磨光机外形

图 2-37 电焊机外形

★ 7. 半轴拆卸专用工具和刹车锅拆卸专用工具

半轴拆卸专用工具顾名思义就是拆卸电动三轮车半轴时使用的工具；刹车锅拆卸专用工具顾名思义就是拆卸电动三轮车刹车锅时使用的工具。半轴拆卸专用工具需要手工操作；刹车锅拆卸专用工具要与电动扳手配合使用。半轴拆卸专用工具外形如图2-38所示；刹车锅拆卸专用工具外形如图2-39所示；半轴拆卸专用工具实际使用操作如图2-40所示；刹车锅拆卸专用工具实际使用操作如图2-41所示。

图 2-38 半轴拆卸专用工具外形

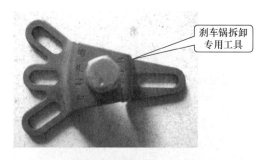

图 2-39 刹车锅拆卸专用工具外形

图 2-40 半轴拆卸专用工具实际使用操作

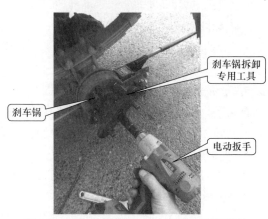

图 2-41 刹车锅拆卸专用工具实际使用操作

第二节 电动三轮车维修仪器使用技巧

一、数字式万用表使用技巧 ★★★

数字式万用表使用简单，读数直观方便，灵敏度高，准确度高，显示清晰，便于携带。数字式万用表可以测量电压、电流、电阻、二极管、晶体管和导线的通断。

数字式万用表的下方有一个转换旋钮，旋钮所指的是测量的档位。

数字式万用表的档位主要有以下几种："V～"表示测量交流电压的档位："V—"表示测量直流电压的档位；"A～"表示测量交流电流的档位；"A—"表示测量直流电流的档位；"Ω(R)"表示测量电阻的档位；"HFE"表示测量晶体管的档位。

扫一扫看视频

下面以DT-9205A型万用表为例进行介绍。DT-9205A型数字式万用表外形如图2-42所示。

1) 使用前，应认真阅读万用表的使用说明书，熟悉电源开关、量程开关、插孔、特殊插口的作用。首先将电源开关置于ON位置。

2) 交直流电压的测量。根据需要将量程开关拨至DCV（直流）或ACV（交流）的合适量程，红表笔插入V/Ω孔，黑表笔插入COM孔，并将表笔与被测电路并联，读数即显示。交流电压的测量如图2-43所示；直流电压的测量如图2-44所示。

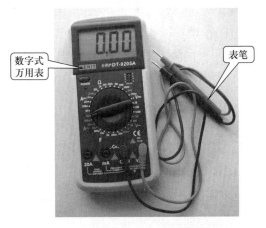

图2-42 DT-9205A型数字式万用表外形

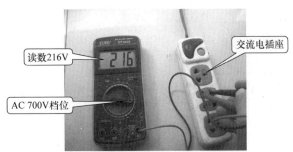

图2-43 交流电压的测量

3) 交直流电流的测量。将万用表的量程开关拨至DCA（直流）或ACA（交流）的20A量程，红表笔插入20A孔，黑表笔插入COM孔，并将万用表串联在被测电路中即可。测量直流量时，数字式万用表能自动显示极性。将量程开关拨至直流电流20A档位，如图2-45所示。直流电流的测量电路示意图如图2-46所示。

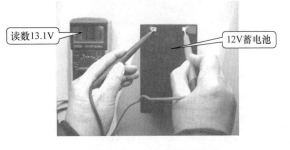

图2-44 直流电压的测量

图 2-45 将量程开关拨至直流电流 20A 档位

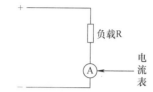

图 2-46 直流电流的测量电路示意图

4)电阻的测量:将万用表的量程开关拨至电阻档的合适量程,红表笔插入 V/Ω 孔,黑表笔插入 COM 孔。如果被测电阻值超出所选择量程的最大值,万用表将显示"1"(表示无穷大),这时应选择更高的量程。测量电阻时,红表笔为正极,黑表笔为负极,这与指针式万用表正好相反。因此,测量晶体管、电解电容器等有极性的元器件时,必须注意表笔的极性。电阻的测量如图 2-47 所示。

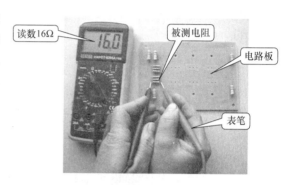

图 2-47 电阻的测量

5)线路通断的测量:将万用表的量程开关拨至蜂鸣器档,红表笔插入 V/Ω 孔,黑表笔插入 COM 孔。将红黑表笔放在要检查的线路两端,如果万用表发出声音,读数为"0"表示连线相通;如果万用表读数显示"1",则为线路断路。将量程开关拨至蜂鸣器档,如图 2-48 所示。线路通断的测量如图 2-49 所示。

图 2-48 将量程开关拨至蜂鸣器档

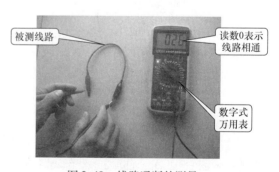

图 2-49 线路通断的测量

6)二极管的测量:将万用表的量程开关拨至二极管档(万用表二极管档与蜂鸣器档为一个档位),红表笔插入 V/Ω 孔,黑表笔插入 COM 孔。将红表笔接二极管正极,黑表笔接二极管负极,测量读数在 0.411V 左右(型号不同,读数不同);若把红表笔接负极,黑表笔接正极,读数应为"1"(表示不通)。若正反测量都不符合要求,则说明二极管已损坏。将量程开关拨至二极管档,如图 2-50 所示。二极管的测量如图 2-51 所示。

第二章 电动三轮车维修工具和仪器使用技巧

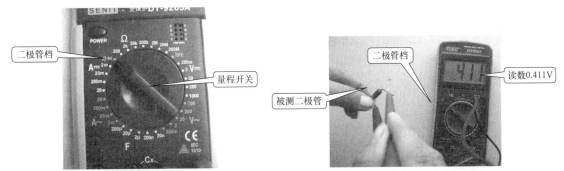

图 2-50　将量程开关拨至二极管档　　　　　图 2-51　二极管的测量

> **注意事项**
>
> 1) 首先注意检查电池，将数字式万用表的 ON/OFF 钮按下，如果电池电量不足，则显示屏左上方会出现电池正负极符号" — + "，需更换表内 9V 电池。
> 　　还要注意测试表笔插孔之旁的符号，这是警告你要留意测试电压和电流不要超出指示数字。此外，在使用前要先将量程放置在你想测量的档位上。
> 2) 数字式万用表为精密电子仪表，内部电路及所使用的电源种类，均不可随便改动，否则将会造成永久性损坏。
> 3) 如果无法预先估计被测电压或电流的大小，则应先拨至最高量程档测量一次，再视情况逐渐把量程减小到合适位置。测量完毕，应将量程开关拨到最高电压档，并切断电源。
> 　　满量程时，仪表仅在最高位显示数字"1"，其他位均消失，这时应选择更高的量程。
> 　　测量电压时，应将数字式万用表与被测电路并联。测电流时应与被测电路串联，测电流时不必考虑正、负极性。
> 　　"COM"与"VΩ"或"VΩHz"插孔之间，输入电压不得大于 DC 1000V、AC 750V 有效值。
> 4) 当误用交流电压档去测量直流电压，或者误用直流电压档去测量交流电压时，显示屏将显示"000"，或低位上的数字出现跳动。
> 5) 更换万用表内的电池和熔丝管需在切断电源及终止所有测量工作后进行。
> 　　更换电池的方法：使用十字形螺丝刀，旋出仪表背面后盖或电池门的螺钉，取下后盖或电池门，取出 9V 电池，即可更换。
> 　　更换熔丝的方法：打开仪表后盖，熔丝位于仪表内电路板下方，取出并用相同规格的熔丝更换。
> 6) 在测量的过程中，绝对禁止旋转功能转换开关，以避免机内打火，损坏仪表。
> 7) 切记测量前应先转换档位，不可用电阻档测量电压，否则会造成万用表内电路损坏；不可用电流档测量电压，否则会造成万用表内电路损坏。
> 8) 测量电压时不可将手触及金属带电部分，如表笔的测试端点。
> 9) 使用完仪表后，请切断电源。如果长时间不使用仪表，请将表内电池取出。

二、LY-1 蓄电池检测表使用技巧 ★★★

★ 1. 概述

该产品是一种便携式检测蓄电池的仪表,可以测量各种规格的汽车蓄电池和其他用途铅酸蓄电池的容量状态。在刻度盘上直接指示"充足""正常""重充""放完"等,快速直观地对蓄电池做出质量判断。

该产品与蓄电池配用还可检查汽车的前灯开关、尾灯开关、继电器开关、启动开关等各种电器开关的质量。

蓄电池检测表外壳下方有测试夹、触头等;有白、绿、黄、红四种区域颜色分别表示"充足""正常""重充""放完";可测试单只 6~12V 蓄电池。

蓄电池检测表外形如图 2-52 所示。

★ 2. 结构特点

该产品由直流电压表、负载电阻、外壳和测试夹、触头等组成,仪表刻度盘标有各种蓄电池的容量状态指示,以白、绿、黄、红四种区域颜色分别表示"充足""正常""重充""放完"。仪表正面附有各种汽缸容积的汽车发动机所需蓄电池规格的对照牌,供用户参考。仪表刻度盘如图 2-53 所示。

图 2-52 蓄电池检测表外形

图 2-53 仪表刻度盘

★ 3. 技术参数

1)被测蓄电池额定电压:2V、6V、12V。
2)被测蓄电池额定容量:2~150Ah。
3)外形尺寸:210mm×124mm×68mm。
4)重量:约 0.82kg。

★ 4. 使用技巧

使用前应先检查仪表指针是否指在刻度盘左端的零位上,如不指在零位,可旋转表盖中部的调零器,使指针指在零位。

(1)蓄电池测试

将仪表的黑色夹子接蓄电池负极,红色表笔接蓄电池正极,测试 2V 单格蓄电池时读视左端 0~2.5 刻度(数字表示伏特数)。

第二章 电动三轮车维修工具和仪器使用技巧

测试 6V 蓄电池时，按不同的容量读视 6V 箭头所指的 6 条刻度（刻度旁数字是蓄电池的容量范围，如 120Ah 等）。测试 12V 蓄电池时，则按不同的容量读视 12V 箭头所指的 5 条刻度。

当所测蓄电池的额定容量和仪表刻度盘上所列有出入时，可选读相近的刻度。如测试 150Ah 蓄电池时，读视 120（6V）或 100～120（12V）刻度。

蓄电池测试如图 2-54 所示。

（2）开关检测

检查汽车上的各种开关质量时，将仪表和开关串接于蓄电池正负极间，将此时的指示刻度与撤去开关后的刻度（即分别在 A、B 点测量）相比，如相差 3 格刻度以上时，则表示开关质量不好。读视标盘中下部的 0～10 刻度。

图 2-54 蓄电池测试

> **注意事项**
> 1）每次测试时间不得超过 3s。
> 2）蓄电池液体不足时不用测试。
> 3）测试仪左下端的锥形触头与夹子同为负极，测试时也可用该触头测量。

三、"绿盟"牌 LY-2 无刷电动车综合检测仪使用技巧 ★★★

该检测仪采用微电脑控制芯片，可以进行转把、助力传感器、无刷控制器、电动机线圈、电动机霍尔元件测试，是维修电动车的必备工具。无刷电动车综合检测仪外形如图 2-55 所示。

★ 1. 转把、助力传感器的检测方法

（1）转把检测

连接被测转把时，请先不要按下红色按钮，把被测转把上的三根线与仪器上的"测转把"连接，连接一定要确认好转把上的三根线，即红色接红色，黑

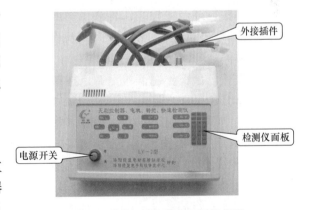

图 2-55 无刷电动车综合检测仪外形

色接黑色，绿色接其他一根，然后按下仪器红色按钮，缓缓转动转把，如果看到面板上"测转把"灯从不亮至渐渐变到最亮，这说明是一个正转把，并且完好；如果灯从亮到不亮，则为反转把，并且完好。

如果检测时发现"测转把"灯一直亮，说明转把内霍尔元件击穿，若出现微亮，则说明转把内霍尔元件截止不彻底，不能使用。若调节转把，"测转把"灯一直没有变化，则说明转把内部磁铁脱落或者霍尔元件损坏。

转把检测如图 2-56 所示。

图 2-56 转把检测

(2) 助力传感器检测

检测助力传感器与检测转把的方法基本相同，把助力传感器的三根线与面板的测转把三根线相连，然后转动脚蹬，会发现"测转把"灯不停闪烁，若不亮或一直亮，则助力传感器与塑料磁盘有距离或者助力传感器内霍尔元件损坏。

★ 2. 无刷控制器的检测方法

(1) 连接控制器

1) 将该仪器中"控制转把线"与控制器转把线连接。

2) "控制器霍尔线"与控制器霍尔线对接。

3) "电动机控制器公用相线"与控制器三根相线连接。

4) "控制器电源"与控制器供电电源连接（正负极不能接错）。

5) 充电器插孔插到"充电器插座"（请选用与被测控制器电压相符的电动车充电器）。

(2) 控制器检测

1) 确认控制器与该检测仪连接正确后接通充电器电源，此时观看面板中"控制 5V"灯是否点亮，如果不亮，可断定控制器没有 5V 输出，则控制器损坏；如果"控制 5V"灯有规律地闪烁，则可以断定控制器 5V 输出正常，可进行下一步操作。

2) 调节仪器面板控制器转把调节旋钮，顺时针慢慢旋转，此时观察检测仪面板左侧 Ha、黄、Hb、绿、Hc、蓝这六个灯（Ha、黄为一组，Hb、绿为一组，Hc、蓝为一组）是否交替闪亮，如果灯都不亮，则说明控制器已经损坏；如果一组灯不亮，则说明控制器上与该组灯对应的相线没有输出（仪器引出线与面板所标颜色相对应），需要检修控制器对应部分（一般为 MOS 管损坏）；如果三组灯交替闪烁，则看其亮度是否随面板调节旋钮转动而有所变化（由不亮到亮，亮暗区分），若有变化则正常，若无变化则为控制器控制部分失控。

★ 3. 无刷电动机的故障检测及自动识别相位角

(1) 电动机绕组检测

用该测试仪的"电动机控制器公用相线"的三只夹子分别连接电动机引出的三根相线（通常电动机引出线为蓝、绿、黄粗线），无须考虑颜色和顺序，可以随意连接），然后顺时针转动电动机（沿电动车正常的前进方向转动），可以看到测试仪上第一排三个指示灯（LED）点亮且闪烁，这样即为正常；如果有指示灯不亮，即为有故障，其中哪个指示灯不亮，说明这一组绕组有故障或者有接触不良。无刷电动机绕组检测如图 2-57 所示。

(2) 无刷电动机霍尔元件检测

用该测试仪的六芯插头连接好电动机的六芯插件（无刷电动机的五根细线，颜色为红、

图 2-57　无刷电动机绕组检测

黑、蓝、绿、黄），除了红、黑必须正确连接以外，其他可以随意连接，然后缓缓顺时针转动电动机（沿电动车正常的前进方向），可以看到测试仪的第二排三个指示灯（LED）交替发光，说明电动机霍尔元件正常；如果有指示灯一直不亮或者一直亮，说明这一组霍尔元件有故障或者接触不良。无刷电动机霍尔元件检测如图 2-58 所示。

图 2-58　无刷电动机霍尔元件检测

（3）电动机相位角检测

用该测试仪的六芯插头连接好电动机的六芯插件（电动机的五根细线，颜色为红、黑、蓝、绿、黄），除了红、黑必须正确连接，其他引线可以随意连接，然后观察仪器上的 60°指示灯，灯亮为 60°电动机，灯不亮为 120°电动机（不需转动电动机）。

（4）电动机相序检测

1) 60°电动机。用该测试仪的六芯插头连接好电动机的六芯插件（电动机的五根细线，颜色为红、黑、蓝、绿、黄），除了红、黑必须正确连接以外，其他可以随意连接，然后缓缓顺时针转动电动机（沿电动车正常的前进方向转动），可以看到测试仪的第二排三个指示灯（LED）交替发光，从左到右 Ha、Hb、Hc 三个指示灯状态变化为 100～110～111～011～001～000 六个状态循环，如果状态变化顺序相反，则随意换掉黄、绿、蓝中的任意两根引线（此时如果缓缓顺时针转动电动机，可以发现从左到右 Ha、Hb、Hc 三个指示灯状态变化为正确状态，顺序为 100～110～111～011～001～000 六个状态循环）。此时记住测试仪蓝、绿、黄三根细线的正确顺序状态对应电动机的三根细线的颜色顺序，此颜色顺序即为霍尔元件 Ha、Hb、Hc 的相序。

2) 120°电动机。用该测试仪的六芯插头连接好电动机的六芯插件（电动机的五根细线，颜色为红、黑、蓝、绿、黄），除了红、黑必须正确连接以外，其他可以随意连接，然后缓缓顺时针转动电动机（沿电动车正常的前进方向），可以看到测试仪的第二排三个指示灯（LED）交替发光，从左到右 Ha、Hb、Hc 三个指示灯状态变化为 100～110～111～011～001～000 六个状态循环，如果三个指示灯状态变化顺序相反，则随意调换黄、绿、蓝中的任意两根引线（此时如果缓缓顺时针转动电动机，可以发现从左到右 Ha、Hb、Hc 三个指示灯状态变化为正确状态，顺序为 100～110～010～011～001～101 六个状态循环）。此时记住测试仪黄、绿、蓝 三根细线的正确顺序状态对应电动机的三根细线的颜色顺序，此颜色顺序即为霍尔元件 Ha、Hb、Hc 的相序。

（5）绕组相序检测

通过以上检测，已经知道霍尔元件 Ha、Hb、Hc 的相序，颜色顺序完全一致，因此绝大多数厂家的电动机绕组相序和霍尔元件相序颜色已经确定。但是有的电动机厂家的电动机绕组相序和霍尔元件相序颜色顺序不一致（有的相反，有的完全没有规律），那么只要将该被测电动机与标准控制器相连接即可。因为已经知道霍尔元件 Ha、Hb、Hc 相序颜色顺序，那么先将霍尔元件 Ha、Hb、Hc 与标准控制器正确连接，再通过最多六次的不同接法（改变绕组）来判断电动机绕组顺序（正确时电动机运转平稳，无噪声，空载电流较小，一般不超过 1A）。这样所有厂家的电动机绕组相序和霍尔元件相序颜色顺序就可以确定了。

> **操作禁忌**
>
> 1）使用时，请不要用力拉拔该测试仪的插头线。
> 2）请不要放置在高温的地方。
> 3）尽量不要让测试仪导线沾染油腻等腐蚀性物品。
> 4）无辨别能力的人和小孩禁止操作仪器。
> 5）本说明中的"0"表示关，也就是灯灭；"1"表示开，也就是灯亮。
> 6）仪器不用时请关闭该仪器上的开关，使用时打开开关（测量电动机绕组时无须打开开关，只有在测量电动机霍尔元件和电动机相位时才需要打开开关）。

四、"绿盟"牌 LM-2 电动车快速充电站使用技巧 ★★★

投币式电动车快速充电站是一款具有液晶显示，充电过程全程语音提示，以及 LED 显示模块的快速充电设备。该设备适用于电动自行车、电动三轮车、电动汽车铅酸蓄电池快速充电，可同时对 4 辆电动车进行充电。投币一元充电时间 10min，骑行 15min，耗电 0.1kWh，成本 5 分钱，快速有效地解决了电动车中途没电的困难。

该机无须专人值守，是适合商场、报亭、小区、电动车维修部、蓄电池维修部的便民服务设施，其设备小、耗电省、回报率高。

"绿盟"牌电动车快速充电站有单路、双路、3 路和 4 路等规格。下面以"绿盟"牌 LM-2 电动车快速充电站为例说明其使用技巧，该仪器外形如图 2-59 所示。

★ 1. 性能特点

1）设备采用单片机智能控制设计，使用简单，到时报警、自停。
2）电路采用自动极性转化，无须担心电池极性问题。
3）自动电压识别，并根据蓄电池电压自动调整充电参数，保证蓄电池寿命和安全。
4）充电时间可调，充电倒计时显示。

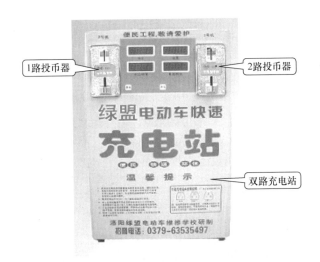

图 2-59 LM-2 电动车快速充电站外形

5）采用国际先进的脉冲充电技术（马斯充电曲线），充电+修复+维护。
6）内置风扇，帮助散热，提高设备的稳定性。
7）充电过程全程语音，结束提示，完全智能化。
8）充电电压显示功能，使用方便。
9）充电时间可调，总投币计数保存。
10）机箱采用汽车喷漆涂层，机箱边槽防水设计。

★ 2. 技术指标
1）充电路数：2路。
2）输入交流电压：220V+20V。
3）交流熔断器：20A。
4）蓄电池充电电压：80V、72V、60V、48V、36V自动识别。
5）单路最大输出电流：10A。
6）空载功率：10W；最大功率：1800W。
7）设有熔断器装置，具有过载保护功能。
8）安装使用方便，具备220V交流电源即可安装。
9）具有识别真假币，防钓币，防伪币功能。
10）本机一次最多投币5枚，设币一元，充电时间10min，带投币计数器功能，方便管理。

★ 3. 蓄电池充电电压参数
45V（36V电动车）
60V（48V电动车）
75V（60V电动车）
80V（64V电动车）

★ 4. 使用技巧
1）使用前请仔细阅读产品说明书，了解机器的各项功能。
2）插上220V交流电源，打开电源开关，投币器上方显示屏显示"00.00"。
3）请将充电线插入电动车充电插头，显示屏上方显示电池电压，下方显示充电时间，语音提示："请投币。"

4）从投币口投入一元硬币，语音提示："现在正在充电，请稍候。"充电站开始工作，此时时间显示屏倒计时。

5）等时间归零后，机器自动断开充电电源，充电结束，语音提示："充电已完成，请断开连接线"，即可拔下电池连线。

6）该机一次最多可投5个硬币，如需再次充电，需等这次充电时间结束后，方可再次投币。

7）显示屏下面有个黑色按键，按一次显示充电电流，再按一次显示总投币数。

8）充电时间设定：本机出厂时设定为投币一元，充电10min。

注意事项

1）充电站不插蓄电池工作时，输出端子无电压。

2）单路每次充电完毕后，必须等电压表归零后，再进行第二次充电，以免造成仪器损坏。如果充电中途中断充电，应关闭总电源开关，然后再打开，才能进行下次充电。

3）充电站只用作应急补充充电，不用作日常充电使用，需要充电时，充电时间不宜超过60min。

4）外接电源插座时，应选用1.5mm² 以上的电源线。充电站如果安装在室外，应做好防雨。

5）当电动车蓄电池组有故障或蓄电池损坏时，充电站将不能正常工作。引脚。

6）为了安全，使用前请接好地线再开始使用。

第三章

电动三轮车零部件识别

本章导读：本章主要介绍了电动三轮车的电气部件和机械部件的识别。首先介绍了电动三轮车的电气部件，主要有蓄电池、控制器、充电机、电动机（称为电动车电气四大件），转把、灯具和开关、喇叭、倒车语音器、脚刹和手刹制动器、显示仪表、行程开关、直流接触器、电源锁和整车线缆等。然后介绍了机械部件。内容涉及电动三轮车的电气部件和机械部件的常见规格型号和性能原理。通过本章内容的学习和实践，读者可以初步认识电动三轮车各零部件的名称与作用，为下一步学习打好基础。

★★★ 第一节 电动三轮车的电气部件识别 ★★★

一、蓄电池 ★★★

扫一扫看视频

蓄电池是电动车电气四大件之一。它是电动三轮车的动力来源，蓄电池性能的好坏，直接影响电动三轮车的续驶里程。目前电动三轮车大多采用牵引型大容量铅酸蓄电池，它具有价格便宜、性能稳定、使用方便等优点，适合目前我国国情。电动三轮车使用蓄电池通常单只电压为12V，常见容量有20Ah、32Ah、45Ah、120Ah 等。20Ah 蓄电池外形如图 3-1 所示；32Ah 蓄电池外形如图 3-2 所示；45Ah 蓄电池外形如图 3-3 所示；超威100Ah 新能源蓄电池如图 3-4 所示；120Ah 大容量蓄电池（俗称"水电池"）外形如图 3-5 所示。

图 3-1 20Ah 蓄电池外形

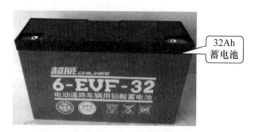

图 3-2 32Ah 蓄电池外形

图 3-3 45Ah 蓄电池外形

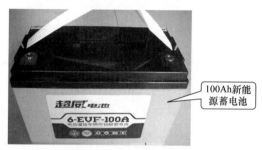

图 3-4 超威 100Ah 新能源蓄电池

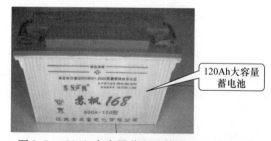

图 3-5 120Ah 大容量蓄电池外形

电动三轮车所用蓄电池与电动自行车的安装方法一样，由 12V 蓄电池串联而成。常见型号有 48V/20Ah、48V/32Ah、48V/45Ah、60V/32Ah、60V/45Ah、48V/100Ah、60V/100Ah。蓄电池一般安装在后车斗箱和车座下，防止雨淋。

二、速度控制器 ★★★

速度控制器简称控制器，它的作用是与调速转把结合来控制电动机的转速，分为有刷控制器和无刷控制器两种。有刷控制器与有刷电动机配套使用；无刷控制器与无刷电动机配套使用。大功率有刷控制器外形如图 3-6 所示；1000W 大功率无刷控制器外形如图 3-7 所示。

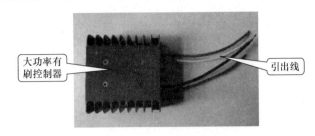

图 3-6　大功率有刷控制器外形

图 3-7　1000W 大功率无刷控制器外形

控制器功率与电动机配套使用，电动三轮车常见控制器功率有 500W、600W、800W、1000W，工作电压有 48V、60V、72V 等。控制器一般安装在电动三轮车后座或车厢下面，防止雨淋。

三、大功率充电机 ★★★

由于电动三轮车使用大容量铅酸蓄电池，所以大多配置大功率充电机。充电机的作用是给蓄电池补充电能。它是将 220V 交流电转换成蓄电池充电电压，又加入控制指示灯电路，方便充电操作和管理。目前电动三轮车多采用大功率硅整流充电机，这种充电机体积大，较笨重。也有采用电子式大功率充电机，这种充电机体积小，重量轻，使用方便。充电机的型号主要与电动三轮车使用的蓄电池配套，常见的工作电压有 48V、60V、72V 等。

大功率硅整流充电机外形如图 3-8 所示；1000W 电子式大功率充电机外形如图 3-9 所示。

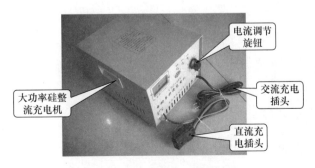

图 3-8　大功率硅整流充电机外形

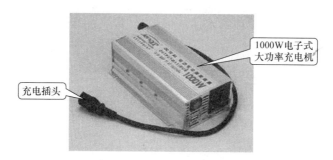

图 3-9　1000W 电子式大功率充电机外形

四、电动机 ★★★

电动机是电动三轮车驱动的主要部件。目前电动三轮车大多采用大功率有刷有齿电动机（又名串励电动机）和大功率无刷差速电动机。大功率有刷有齿电动机外形如图 3-10 所示；大功率无刷差速电动机外形如图 3-11 所示。

图 3-10　大功率有刷有齿电动机外形

图 3-11　大功率无刷差速电动机外形

电动三轮车电动机功率有 500W、600W、800W、1000W 等，工作电压与所使用的蓄电池电压相适应，常见的工作电压有 48V、60V、72V。

五、转把 ★★★

转把是电动三轮车控制车速的部件。电动三轮车常用的是霍尔型转把，与电动自行车通用。不过电动三轮车转把大多加有高、中、低速和前进、倒车开关。电动三轮车转把外形如图 3-12 所示。

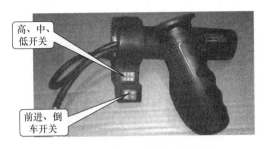

图 3-12　电动三轮车转把外形

六、灯具和开关 ★★★

灯具是电动三轮车的照明部件，灯具部分有前大灯、后尾灯、转向灯、刹车灯等。灯具的电压参数通常与蓄电池电压一致，常见型号的工作电压有 48V、60V，如果安装有 12V 转换器，灯具则采用 12V 电压供电。

电动三轮车灯泡常见型号如下：

1) 12V 系列——35W、25W 大灯；5W、10W 尾灯；3W、5W 转向灯；3W 仪表照明灯和电源指示灯。

2) 48V（52V 或 55V）系列——25W、35W 大灯；5W、10W 尾灯；3W 转向灯、仪表照明灯、电源指示灯。

前大灯外形如图 3-13 所示；后灯和转向灯组件外形如图 3-14 所示。

灯具开关的作用是控制大灯、转向灯的打开和关闭。灯具开关外形如图 3-15 所示。

图 3-13　前大灯外形

图 3-14　后灯和转向灯组件外形

图 3-15　灯具开关外形

七、喇叭 ★★★

电动三轮车常用的是铁喇叭，有安装单喇叭的，也有安装双喇叭的，优点是声音大、不怕雨淋。有的三轮车安装了多引出线多功能塑料喇叭。喇叭的工作电压有 12V、48V 等。铁喇叭外形如图 3-16 所示；多功能塑料喇叭外形如图 3-17 所示。

图 3-16　铁喇叭外形

图 3-17　多功能塑料喇叭外形

八、倒车语音器 ★★★

倒车语音器的作用是当电动三轮车倒车时发出"请注意，倒车"的声音，提醒行人注意。倒车语音器一般由 12V 电源供电。倒车语音器外形如图 3-18 所示。

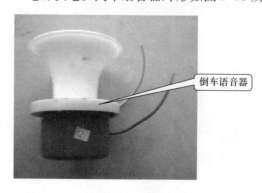

图 3-18　倒车语音器外形

九、行程开关和接线柱 ★★★

★ 1. 行程开关

行程开关的作用与电动三轮车的断电刹车作用一样,当操作者用脚踩刹车踏板时,行程开关断开控制器供电,电动三轮车不工作;当操作者松开脚刹时,电动三轮车重新供电工作。行程开关外形如图 3-19 所示。

图 3-19　行程开关外形

★ 2. 接线柱

接线柱的作用是将控制器与电动机的连线连接在一起。接线柱的材质一般采用胶木制造,在大功率电动车中多采用接线柱连线,这样线束不易烧坏。接线柱外形如图 3-20 所示。

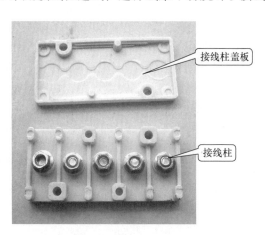

图 3-20　接线柱外形

十、电量、时速显示仪表 ★★★

显示仪表是指示电动三轮车电量状态及时速的组合部件。电动三轮车显示仪表通常还配有大灯指示和转向灯指示功能。显示仪表外形如图 3-21 所示。

十一、倒顺开关 ★★★

倒顺开关是控制电动三轮车前进、停车、倒车的部件。倒顺开关外形如图 3-22 所示。

图3-21 显示仪表外形

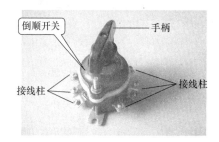

图3-22 倒顺开关外形

十二、直流接触器 ★★★

直流接触器是电动机起动工作及保护线路中的器件,它的作用是电动机出现故障或负载超过额定负载,电动机电流超过额定电流后,直流接触器内触点动作,一般是常闭触点打开,切断给电动机供电的接触器线圈回路,接触器开路,切断电动机电源,保护电动机,避免损坏。直流接触器外形如图3-23所示。

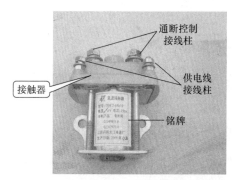

图3-23 直流接触器外形

十三、电源锁 ★★★

电源锁是控制整车电源通断的部件,电动三轮车电源锁与电动自行车电源锁原理一样,接在电路的红线正极引线中,一般安装在仪表上,多使用小头电源锁。小头电源锁外形如图3-24所示。

第三章 电动三轮车零部件识别

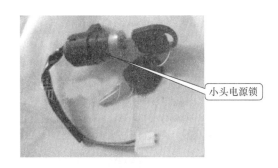

图 3-24 小头电源锁外形

十四、整车线缆 ★★★

整车线缆是用来连接电动三轮车各种电气部件的线路。整车线缆通过车架走线，要求能通过电动三轮车电气部件工作的最大电流，并且双层绝缘，以防损坏。线缆的本质损坏是维修中不太容易碰到的，但一旦碰到查找原因比较费时。一般来讲，在检修时，先根据控制器或显示器的功能查找可能发生问题的区域，再按对应颜色查找线缆的连接。整车线缆外形如图 3-25 所示。

图 3-25 整车线缆外形

★★★ 第二节 电动三轮车的机械部件识别 ★★★

一、车把 ★★★

电动三轮车车把的作用是操纵前轮，使电动三轮车按照一定的方向行驶。车把上固定有刹把、车把、仪表和灯具等部件。车把外形如图 3-26 所示。

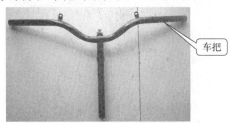

图 3-26 车把外形

二、方向柱 ★★★

方向柱是电动三轮车连接车把和前车轮的部件。它的作用是操纵前轮的行驶方向。通过方向柱，驾驶员可以左右转动前轮，实现左右转向。方向柱外形如图3-27所示。

图3-27　方向柱外形

三、减振器 ★★★

电动三轮车减振器主要用来抑制弹簧吸振后反弹时的振荡及来自路面的冲击。在经过不平路面时，虽然吸振弹簧可以过滤路面的振动，但弹簧自身还会有往复运动，而减振器就是用来抑制这种弹簧跳跃的。因为减振器在上下运动过程中，其型腔间的压差，迫使减振油液通过阻尼孔或阀系，产生阻力，从而起到减振作用。这样更好地保护了车身，延长了车辆的使用寿命，提升骑行者舒适感。电动三轮车前轮双肩前叉和减振器外形如图3-28所示；货运电动三轮车前轮双减振器外形如图3-29所示。

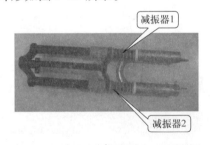

图3-28　电动三轮车前轮双肩前叉和减振器外形

图3-29　货运电动三轮车前轮双减振器外形

四、脚刹和手刹制动器 ★★★

脚刹和手刹制动器是电动三轮车上的制动操作部件。脚刹制动器外形如图 3-30 所示；手刹制动器外形如图 3-31 所示。

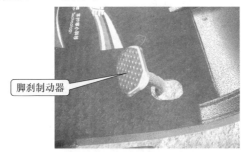

图 3-30　脚刹制动器外形

图 3-31　手刹制动器外形

五、车圈和轮胎 ★★★

车圈上安装有轮胎，它担负着承载车重、传递动力、轮胎散热等功能，而且作为一个旋转运动部件，车圈在具有一定的刚度前提下，必须符合轻质、耐疲劳、动平衡等条件。车圈和轮胎常见的型号有 16 - 3.0；3.0 - 12（3.0 表示轮胎胎面宽度，就是着地面，单位是 cm；16、12 代表轮毂直径，单位是 in，1in = 2.54cm）车圈和轮胎外形如图 3-32 所示。

图 3-32　车圈和轮胎外形

> **注意事项**
>
> 1)换轮胎注意事项:更换轮胎时应选择大品牌轮胎,必须到专业的修理店去更换,以免更换的轮胎型号不匹配,使得在行车过程中产生安全隐患。
>
> 2)使用注意事项:在坑洼路段不要高速行驶,否则巨大的冲击力会让轮胎爆胎。尽量要选择平坦的路面停车,避免轮胎受到压迫而损伤。应经常检查轮胎的胎压,避免在用车途中产生安全隐患。

六、弹簧钢板和液压杆 ★★★

★ 1. 弹簧钢板

弹簧钢板由多片不等长和不等曲率的钢板叠合而成。它安装在后车厢下面,安装好后两端自然向上弯曲。三轮车载重时,当路面对车轮的冲击力传来时,钢板产生变形,起到缓冲、减振的作用。弹簧钢板外形如图 3-33 所示。

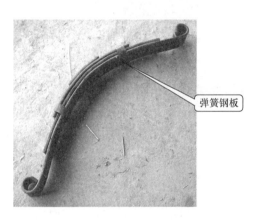

图 3-33　弹簧钢板外形

★ 2. 液压杆

液压杆安装在三轮车车架和车厢之间,为了卸货方便,液压杆可以撑起后车厢。液压杆外形如图 3-34 所示。

图 3-34　液压杆外形

七、高低变档系统和变档手柄 ★★★

有一部分货运三轮车上安装有高低变档系统,变档系统包括变档手柄、拉线、变速器。变速器与差速包安装在一起。变速手柄外形如图 3-35 所示。

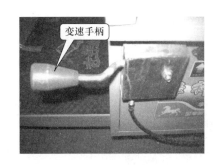

图 3-35　变速手柄外形

八、差速器 ★★★

差速器俗称差速包，它是为了调整左右轮的转速差而装置的。它能够使左、右驱动轮实现以不同转速转动。主要由左右半轴齿轮、两个行星齿轮及齿轮架组成。作用是当三轮车转弯行驶或在不平路面上行驶时，使左右车轮以不同转速滚动，即保证两侧驱动车轮作纯滚动运动。差速器外形如图 3-36 所示。

图 3-36　差速器外形

九、车架 ★★★

电动三轮车车架是车体的重要组成部分，它支撑并连接起车辆其他零部件，形成一个有机整体。作为主要的承重部件，电动三轮车车架的质量直接关系到车辆的承载力和安全性，车架的牢固性越强对车辆和驾乘者的防护作用就越好。车架外形如图 3-37 所示。

图 3-37　车架外形

十、车厢 ★★★

车厢是车辆后部存放货物的地方,一般使用铁质材料,它坚固耐用,表面进行静电喷塑工艺,不易生锈。车厢外形如图3-38所示。

图 3-38　车厢外形

第四章

无刷电路电动三轮车结构与维修

> **本章导读**：本章主要讲述采用无刷电路的电动三轮车结构原理和故障维修。内容涉及无刷电动三轮车各电气部件原理、接线与故障检修。通过本章内容的学习和实践，读者可以掌握无刷电路电动三轮车维修技术。

★★★ 第一节　无刷电路电动三轮车电气零部件原理与维修 ★★★

一、无刷电路电动三轮车电气原理 ★★★

采用无刷电路的电动三轮车电气原理与采用无刷电路的电动自行车电路相似，也是有控制器、蓄电池、充电器和电动机构成电气四大件，区别在于电动三轮车采用无刷差速电动机，而且各部件功率增大。无刷电路电动三轮车电气工作原理框图如图 4-1 所示。

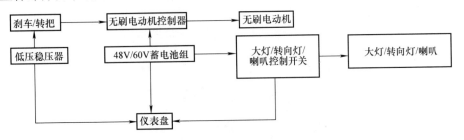

图 4-1　无刷电路电动三轮车电气工作原理框图

二、电源锁结构原理与维修方法 ★★★

★ 1. 电源锁结构原理与接线方法

电源锁是电动三轮车上控制整车电路通断的部件，实际上电源锁是整车电路总开关。它一般有两个档位，三条引线，红色是电源锁进线，黄色和蓝色是电源锁引出线。电动三轮车采用小头电源锁较多，其外形如图 4-2 所示。电源锁原理如图 4-3 所示。

在电压 48V 以上无刷电动三轮车控制器上专门作了一根电源锁线，一般用细红或细橙线，电源锁红色进线接蓄电池正极线，电源锁输出线接控制器的电源锁线，因此整车电流不

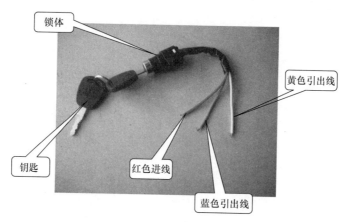

图 4-2 小头电源锁外形

流过电源锁,只有灯具、喇叭等的通过电源锁控制,所以电源锁只是信号开关,不易损坏。无刷电动三轮车电源锁接法如图4-4所示;无刷电动三轮车电源锁安装位置如图4-5所示。

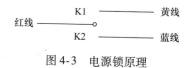

图 4-3 电源锁原理

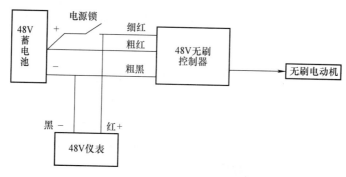

图 4-4 无刷电动三轮车电源锁接法

图 4-5 无刷电动三轮车电源锁安装位置

★ 2. 电源锁常见故障和维修方法
(1) 电源锁常见故障
电源锁常见故障是电门开关失灵,不能控制整车供电开和关,电源锁损坏,需更换新件;如果是锁钥匙转动不灵活,则可加入缝纫机油或铅粉排除。

(2)电源锁维修方法

电源锁维修方法有以下几种:

1)测通断法:将万用表置于蜂鸣器档,去掉蓄电池供电插头,打开电源锁开关,测量电源锁两根引线应为相通状态,否则说明电源锁损坏,应更换新件。通断法检测电源锁如图4-6所示。

图4-6 通断法检测电源锁

2)测电压法:将万用表置于DC 200V档,找到电源插件,首先测量电源锁红色进线与蓄电池负极是否有蓄电池电压,然后打开电源锁开关,测量电源锁输出线(黄色或蓝色)与黑色负极线之间是否有电压(与进线电压一致),否则说明电源锁损坏,应更换新件。

3)短接法:将电源锁的红色进线与输出线(黄色或蓝色)直接短接,如果全车有电,则说明电源锁损坏,应更换新件。

三、转把结构原理与维修方法 ★★★

★ 1. 转把结构原理和接线方法

转把是一种线性调速部件,市场上常见的是霍尔型转把。霍尔型普通转把外形如图4-7所示;带变速和前进、倒车功能的转把外形如图4-8所示。

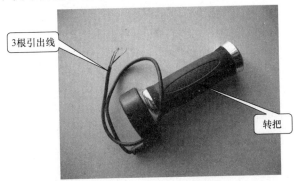

图4-7 霍尔型普通转把外形

转把一般安装在电动三轮车的右边车把上,转动旋转范围在0°~30°之间。霍尔型转把内部是由磁钢、线性霍尔元件、复位弹簧和塑料件组成。霍尔型转把内部的磁钢有一体磁钢型和分体磁钢型两种。霍尔型转把内部构造如图4-9所示。

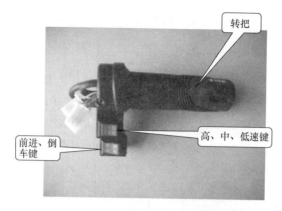

图 4-8　带变速和前进、倒车功能的转把外形

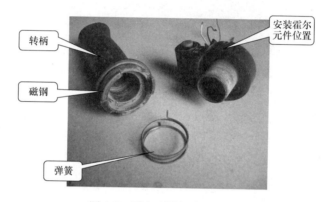

图 4-9　霍尔型转把内部构造

霍尔型转把的引出线是线性霍尔器件的引出线，一般有三根，分别为红色 +5V 电源线、黑色或黄色公共负极线、绿色或蓝色信号电压输出线，输出电压理论值为 1~4.2V，实测值为 0.8~3.5V。霍尔型转把的引出线功能如图 4-10 所示；转把引线与控制器引线的接线方法如图 4-11 所示。

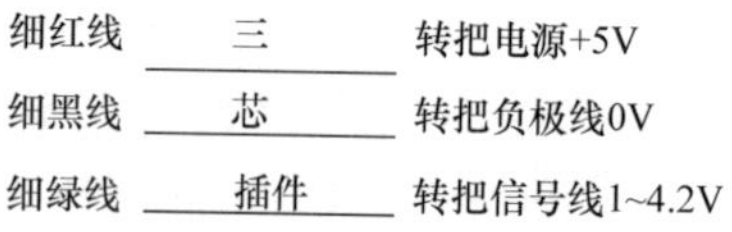

图 4-10　霍尔型转把的引出线功能

★ 2. 转把常见故障和维修方法

（1）转把常见故障

转把是易损的部件，常见故障是不能输出调速信号，维修时一般直接更换新件。

转把损坏时电动三轮车会出现以下现象：

1）电动机不转；
2）电动机时转时停；
3）电动机转速低；
4）电动机高速运转。

（2）转把常见故障的检修方法

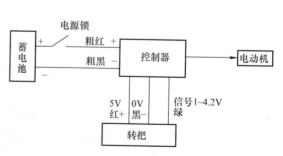

图 4-11　转把引线与控制器引线的接线方法

第四章　无刷电路电动三轮车结构与维修

1）测电压法：打开电源锁，用万用表 DC 200V 档，测量转把的红、黑引线，应有 5V 左右（实测值有误差，一般在 4~5.5V 之间）的电压，说明控制器输出 5V 正常，否则说明控制器损坏，造成电动机不转，如图 4-12 所示。如果 5V 供电正常，进一步检测，转动转把，测量信号线与负极线之间的电压应在 0.8~4.2V 范围内连续变化，否则说明转把损坏，应更换新件，如图 4-13 所示。

图 4-12　测量转把 5V 供电

2）短接法：打开电源锁，将转把的红色 5V 供电线与绿色信号线直接短接，如果电动机高速运转，则说明原转把损坏，应更换新件。

3）更换法：直接用新的转把更换原车旧转把试验，如果电动机转速正常，则说明原车旧转把损坏。

4）拆除法：如果电动机始终高速运转，可将转把引线取掉，如果电动机不再高速运转，则说明是转把损坏引起的，应更换新件。

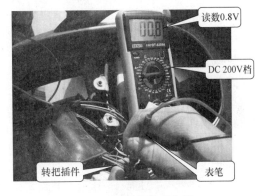

图 4-13　测量转把输出电压

(3) 转把维修技巧

实际维修时，转把损坏，会造成不同的故障现象，此时可针对性地选择不同的检测方法。需要说明的是，如果转把的红、黑线短接或黑色负极线脱落，也会造成电动机高速运转，维修应注意检查。

四、刹把结构原理与维修方法 ★★★

★ 1. 刹把结构原理与接线方法

(1) 刹把结构原理

刹把的作用是当用户刹车时，控制器检测到刹车信号后断开电动机供电，起断电刹车的效果。目前市场上常见的是机械式开关型刹把，根据材质分类有塑料刹把、半铝刹把、全铝刹把。电动三轮车一般前刹车采用机械式手刹，后刹车采用脚刹，并带有断电功能开关。另外，还配有手刹，以方便停车。全铝手刹把外形如图 4-14 所示；后脚刹外形如图 4-15 所示；手刹外形如图 4-16 所示。

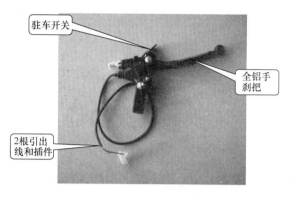

图 4-14 全铝手刹把外形

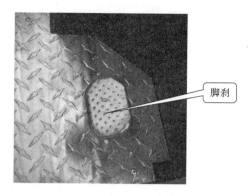

图 4-15 后脚刹外形

常见的机械式开关型刹把有两条引出线,一条为电压进线,另一条为输出线。它的内部就是一个开关,当手捏住刹把后,开关闭合,将刹车信号传递给控制器,控制器断开电动机供电,起断电刹车的作用。

（2）刹把接线方法

机械式开关型刹把与控制器配套有两种接法。如果是低电平刹车控制器,控制器上有红、黑两条刹车引出线,分别与刹把的红、黑线对接即可。刹把与控制器的低电平刹车线接法如图 4-17 所示。

图 4-16 手刹外形

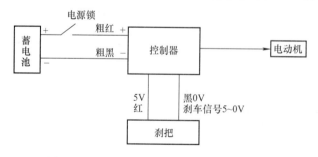

图 4-17 刹把与控制器的低电平刹车线接法

如果是高电平刹车控制器,控制器上一般只有一条刹车引出线,将这条高电平刹车线与刹把的黑色输出线对接,同时刹把黑色线要与刹车灯线相接,然后将刹把红色线与电源锁的黄色输出线对接,如果电动三轮车带有转换器,这条线与转换器的 12V 输出线对接。当捏刹把时,刹把开关导

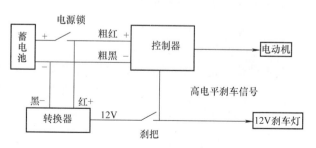

图 4-18 刹把与控制器的高电平刹车线接法

通，48V 或 12V 刹车信号传给控制器，控制器断开电动机供电，同时刹车灯点亮。刹把与控制器的高电平刹车线接法如图 4-18 所示。

★ 2. 刹把常见故障和维修方法

（1）刹把常见故障

刹把是易损的部件，常见故障是不能输出刹车信号或机械部位损坏。维修时，一般直接更换新件。

刹把损坏时电动三轮车会出现以下现象：

1）刹车不断电；

2）不刹车时，电动机也不转；

3）电动机时转时停。

（2）刹把检修方法

1）测电压法：将万用表置于 DC 20V 档，打开电源锁，转动转把，电动机旋转，手捏刹把，测量刹把的红、黑引线之间的电压，应从 5V 到 0V 变化，否则说明刹把损坏，应更换新件。测电压法检测低电平刹把如图 4-19 所示。

图 4-19　测电压法检测低电平刹把

2）测通断法：将万用表置于蜂鸣器档，手捏刹把，测量刹把的红、黑引线，应为相通状态，否则说明刹把损坏，应更换新件。通断法检测刹把如图 4-20 所示。

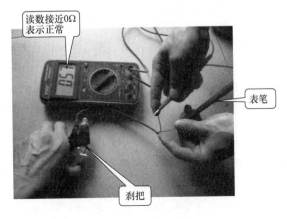

图 4-20　测通断法检测刹把

3）断开法：如果出现刹把常通造成电动机不转的故障，则应断开刹把引线，如果电动机旋转正常，说明刹把损坏，应更换新件。

五、转换器结构原理与维修方法 ★★★

★ 1. 转换器结构原理和接线方法

转换器是一种 DC—DC 直流变压部件，它的作用是将蓄电池组的 48V、60V 或 72V 电压转换成 12V 电压供给灯具和喇叭使用。转换器一般有三条引线，接线方法：红线是电源输入线，接电源锁后的蓄电池引线；黑线是公共接地线，接蓄电池负极线；另一条是黄线（或白色）+12V 输出线，接灯具和喇叭正极线。转换器外形如图 4-21 所示；转换器在电动三轮车上的接线方法如图 4-22 所示。

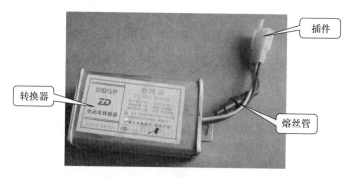

图 4-21 转换器外形

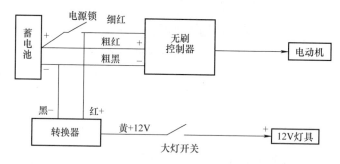

图 4-22 转换器在电动三轮车上的接线方法

★ 2. 转换器的常见故障和检测方法

（1）转换器的常见故障

转换器的常见故障是不能输出 12V，如果电动三轮车中灯具和喇叭都不工作，则说明转换器损坏。

（2）转换器的检测方法

转换器的检测可将万用表置于 DC 200V 电压档，打开电源开关，首先测量转换器的输入引线，应与蓄电池组的电压（例如 48V 或 60V）一致，如图 4-23 所示。然后测量转换器的输出线，应有 12V 左右的电压，如图 4-24 所示，说明转换器正常，否则说明转换器损坏，应更换新件。

需要说明的是，检修转换器时，其转换器的红色输入引线上大多数厂家安装有个 5A 的

图 4-23 测量转换器的输入电压

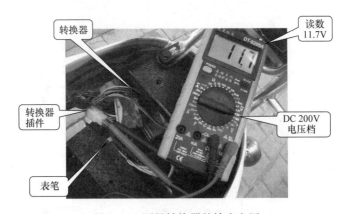

图 4-24 测量转换器的输出电压

熔丝管，检修时注意检查熔丝管是否损坏，如果损坏，则应更换同型号熔丝管。

六、喇叭结构原理与维修方法 ★★★

★ 1. 喇叭结构原理和接线方法

电动三轮车用喇叭有塑料喇叭和铁喇叭两种，工作电压有 12V、48V、60V 等。如果电动三轮车上安装有转换器，则采用 12V 供电；如果没有转换器，则使用原车上蓄电池组供电。塑料喇叭有两条引线，有正负极之分，红线是正极，黑线是负极，另外塑料喇叭还有 4 条、5 条引出线的多功能喇叭，电动三轮车上多采用多功能塑料喇叭；铁喇叭有两个接线柱，无正负极之分。多功能塑料喇叭外形和引出线如图 4-25 所示；铁喇叭外形如图 4-26 所示。喇叭在电动三轮车上的连线方法如图 4-27 所示。

★ 2. 喇叭常见故障的维修方法

喇叭常见故障是不能发出声音，维修时一般是更换新件。喇叭出现故障时，打开电源锁，按动喇叭开关，用万用表的 DC 200V 电压档测量喇叭的两条引线之间的电压，如有电压但喇叭不响，说明喇叭损坏。检修喇叭好坏，可以用直接供电法，首先观察待检修的喇叭工作电压是多少，然后用蓄电池直接给喇叭连续供电，如果喇叭发出"咔、咔"声，说明喇叭正常，否则，说明喇叭损坏。

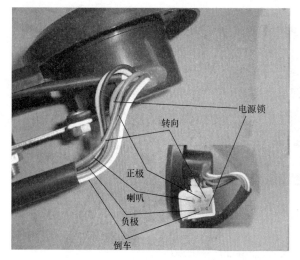

图 4-25　多功能塑料喇叭外形和引出线

图 4-26　铁喇叭外形

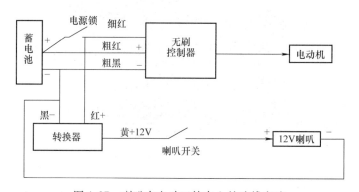

图 4-27　喇叭在电动三轮车上的连线方法

七、灯具结构原理与维修方法 ★★★

★ 1. 灯具结构原理和接线方法

电动三轮车的灯具有前大灯、后尾灯、左右转向指示灯和刹车灯。

前大灯一般采用组件较多。灯具的接线方法与喇叭基本一样，不同之处是灯具的前、后灯是并联在电路中，豪华型车还并联有仪表灯。大灯部分还串联有远近光开关，转向灯部分还串联有闪光器。如果电动三轮车上安装有转换器，则灯具部分采用 12V 供电，如果没有转换器，则使用原车上的蓄电池组供电。电动三轮车由于车型较多，灯具部分型号较多，不同车型灯具不一样。电动三轮车用灯泡常见的有插泡、高低脚灯泡、速盘灯泡、单极性灯泡和双极性灯泡等。前大灯组件外形如图 4-28 所示；大

图 4-28　前大灯组件外形

灯在电动三轮车上的接线方法如图 4-29 所示。

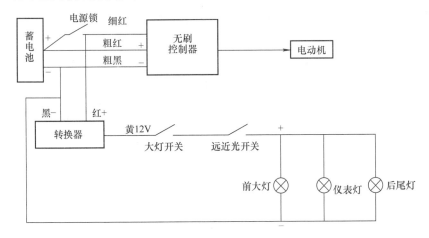

图 4-29　大灯在电动三轮车上的接线方法

电动三轮车常用灯泡规格如下：

12V 系列：35W、25W 大灯；10W/5W 尾灯；5W 或 3W 转向灯、仪表照明灯；3W 电源指示灯。

48V 系列：10W、25W、35W 大灯；10W、5W 尾灯；3W 转向灯、仪表照明灯、电源指示灯。

★ 2. 灯具的常见故障和维修方法

灯具的常见故障是烧坏后灯丝断裂，烧坏后通过肉眼就可看出，也可通过万用表蜂鸣器档测量，不通则坏。

灯泡的更换应与原型号一样，否则会造成损坏或灯光不强。

需要说明的，目前的新型豪华电动车控制器带有短路保护功能，如果前大灯或后尾灯损坏后短路，当打开大灯开关后，会造成整车没电的故障，维修时应将灯泡或短路点排除后，才能使电动三轮车恢复正常。

八、组合开关结构原理与维修方法 ★★★

★ 1. 组合开关结构原理和接线方法

电动三轮车的喇叭开关、大灯开关实际是一个单刀单掷开关，转向开关是一个单刀双掷开关。也就是说开关部分都是控制电源的正极线，负极线都共用。在实际使用中，喇叭、大灯、转向灯这 3 个开关往往组合在一起，所以称为组合开关。组合开关外形如图 4-30 所示；组合开关在电动三轮车上的安装位置如图 4-31 所示。

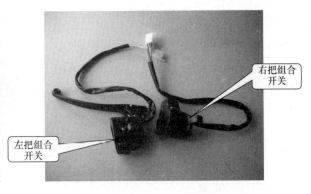

图 4-30　组合开关外形

图 4-31　组合开关在电动三轮车上的安装位置

★ 2. 组合开关常见故障和维修方法

组合开关常见故障是其中某个开关损坏，检测时可用万用表的蜂鸣器档测量，如图 4-32 所示。如果相通说明开关正常，否则说明开关损坏，应更换新件。组合开关的维修方法。

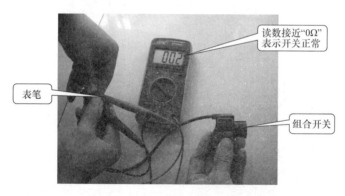

图 4-32　组合开关的检测方法

九、闪光器结构原理与维修方法 ★★★

闪光器的作用是为转向灯提供间隙电压，转向灯才会不停地闪烁，并发出声音。若转向灯不亮时，可将闪光器输入与输出线短接，如果短接后恢复正常，表明闪光器损坏，应更换新件。闪光器常见的工作电压有 12V、48V 等。常见的闪光器有两个引脚，外壳的引脚中标注 B 表示进线，L 表示输出线，接线时不能接错。另外还有一种三根引线的闪光器，红线是闪光器的正极进线，黑线是负极线，另一根是输出线。两个引脚闪光器外形如图 4-33 所示。

图 4-33　两个引脚闪光器外形

十、断路器结构原理与维修方法 ★★★

★ 1. 断路器的结构原理和接线方法

断路器是一种类似于熔断器的过载保护装置。一般电动三轮车断路器安装在坐垫下面的储物箱内。断路器的功能作用是,当通过它的电流超过一定的数值时会因自身发热而导致开关里面的热脱扣装置脱扣(利用双金属片受热弯曲的道理),从而切断电源,保护电路不因过大的电流而烧坏。断路器一般串联在电源正极红线上,ON 进线端,OFF 是出线端,拨到 ON 位置是开,拨到 OFF 位置是关。断路器外形如图 4-34 所示。

图 4-34 断路器外形

★ 2. 断路器的常见故障和维修方法

断路器的常见故障是开关失灵。检修时可将万用表置于蜂鸣器档,将断路器拨到 ON 位置,万用表应为相通状态,拨到 OFF 位置,应为断开状态,否则说明断路器损坏,应更换新件。检测断路器如图 4-35 所示。

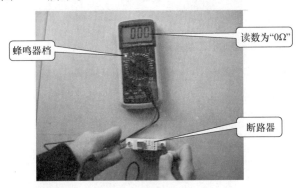

图 4-35 检测断路器

十一、过载保护器结构原理与维修方法 ★★★

目前,有的电动三轮车(例如,金鹏电动三轮车)上安装有过载保护器,其外形如图 4-36 所示。它是一种大电流保护装置,如果电动三轮车出现电路短路等大电流的特殊情况,过载保护器立刻断开控制器供电,起断电保护作用。在维修实践中,如果过载保护器损坏,由于市场上不易购买,应急维修时可暂时将电源线直接短接使用。

图 4-36 过载保护器外形

十二、防盗报警器结构原理与维修方法 ★★★

防盗报警器的作用是防止电动三轮车被盗。防盗报警器由主机和遥控器组成。安装时将防盗报警器的红、黑两根供电线接在电源锁之前即可。防盗报警器外形如图 4-37 所示；防盗报警器接线方法如图 4-38 所示。

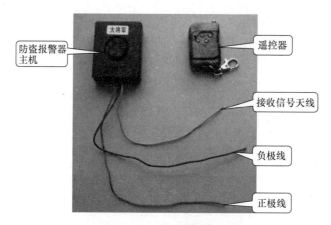

图 4-37 防盗报警器外形

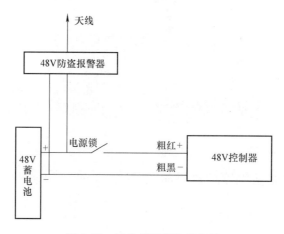

图 4-38 防盗报警器接线方法

十三、仪表结构原理与维修方法 ★★★

电动三轮车仪表的作用是显示电动三轮车的电量和行驶速度。目前电动三轮车大多使用发光二极管式显示仪表,其外形如图 4-39 所示。

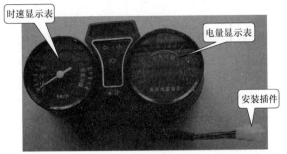

图 4-39　发光二极管式显示仪表外形

如果仪表不显示电量,可以打开电源锁,使用万用表的 DC 200V 电压档,测量仪表的红、黑(或绿)色供电线,如果有蓄电池电压,仪表不显示,则说明仪表损坏。

★★★第二节　无刷电路电动三轮车控制器原理与维修★★★

一、无刷控制器的作用和结构原理 ★★★

★ 1. 控制器的作用

控制器的主要作用是控制电动机的转速,所以叫作速度控制器。另外,生产厂家还根据用户需要加入其他辅助功能,例如前进、倒车、高中低速、零起动、反充电(能量再生)、时速显示、断电刹车等功能。

控制器和调速转把配合,控制电动机的转速,能随刹车开关的闭合使电动机断电,并通过仪表控制电路,使仪表显示电源电压、欠电压及行驶里程。

★ 2. 无刷控制器的结构原理

无刷控制器主要和无刷电动机配套使用,无刷控制器内部电路结构复杂,价格较高。500W 无刷控制器外形如图 4-40 所示;500W 无刷控制器内部电路如图 4-41 所示。

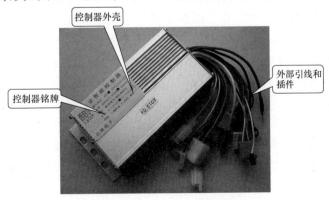

图 4-40　500W 无刷控制器外形

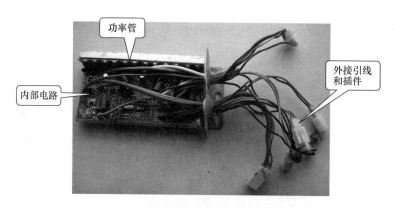

图 4-41　500W 无刷控制器内部电路

无刷控制器工作原理框图如图 4-42 所示。

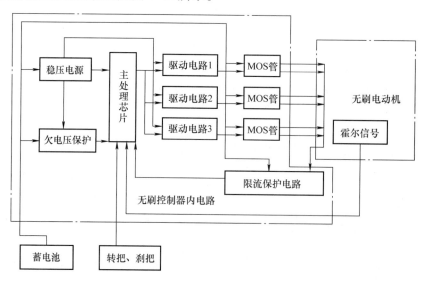

图 4-42　无刷控制器工作原理框图

无刷控制器工作原理如下：

1）内部稳压电源提供控制器内部主处理芯片及电子元器件的工作电压。

2）主处理芯片 PWM 供电后工作，根据无刷电动机的霍尔信号对三路 MOS 管驱动电路给出有选择性的打开与关闭信号，以完成对电动机的换相。同时，根据转把的输入电压数值，将相应脉冲宽度的载波信号与 MOS 管导通信号混合，以达到控制电动机速度的目的。MOS 管驱动电路将 PWM 信号整形放大，提供给 MOS 管。另外，对于三个 MOS 管来说，它们的驱动电平要求高于蓄电池供电电压，因此，MOS 管驱动电路还要具有升压功能，将三路的 MOS 管导通信号变成高于蓄电池电压的超高方波信号。MOS 管是大电流开关器件，其导通时间与关闭时间受导通信号与 PWM 信号合成的混合信号控制。

3）欠电压保护电路在蓄电池电压降低到控制器设定值以下时，停止 PWM 芯片信号输出，以保护蓄电池不至于在低电压的情况下放电。

4）限流保护电路对控制器输出的最大电流进行限制，以保护蓄电池、控制器、电动机等不会出现允许范围以上的大电流。

无刷控制器由功率电子器件和集成电路等构成，其功能是：接受电动机的起动、停止、制动信号，以控制电动机的起动、停止和制动；接受霍尔位置传感器信号和正反转信号，用来控制逆变桥各功率管的通断，产生连续转矩；接受速度指令和速度反馈信号，用来控制和调整转速；提供保护和显示等。

二、无刷控制器参数及其与外部电路连接 ★★★

★ 1. 无刷控制器参数

常见48V/500W无刷控制器参数如下：

额定电压：48V；　　　欠电压：31V±0.5V

额定电流：10.4A；　　限流：26A±0.5A

手柄电压：1.1~4.2V；　刹车：高电平

额定功率：500W；　　环境温度：-20~75℃

★ 2. 无刷控制器与外部电路的连接

无刷控制器的外部引线较多，其内部电路与有刷控制器相比较复杂。无刷控制器的外部引线功能如图4-43所示。

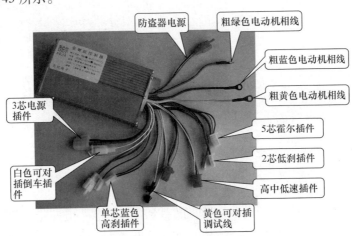

图4-43　无刷控制器的外部引线功能

> **重要说明**
>
> 由于生产厂家众多，国家没有统一标准，无刷控制器外接插件的颜色和功能不尽相同，维修人员在实际维修时应以控制器生产厂家的说明为准。
>
> （1）无刷控制器与蓄电池的连接
>
> 无刷控制器与蓄电池的连接方法是控制器的电源正极红色线对应蓄电池的正极线，将电源锁一端接在蓄电池的红色正极线上，另一端接在无刷控制器的电源锁细橙（细红）引线上。控制器的电源负极黑色线对应蓄电池的负极线，连接时注意正负极不可接反，否则会烧坏控制器。

无刷控制器与蓄电池的连接示意图如图4-44所示。

图4-44　无刷控制器与蓄电池的连接

（2）无刷控制器与转把、刹把的连接

无刷控制器与转把、刹把的连接方法与有刷控制器相同，可参照有刷控制器的进行连接（参照图4-46）。

（3）无刷控制器与电动机的连接

无刷控制器与无刷电动机对接共有8根引线，其中三根粗线——蓝（A相）、绿（B相）、黄（C相）接电动机相线，采用子弹头形插件。另外5根引线接无刷电动机的霍尔元件引线，采用5芯插件，分别是霍尔元件的公共电源正极红线、公共电源负极黑线、A相霍尔输出蓝线、B相霍尔输出绿线和C相霍尔输出黄线。无刷控制器的8根引线与无刷电动机引线连接如图4-45所示。

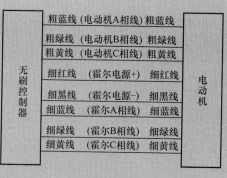

图4-45　无刷控制器的8根引线与无刷电动机引线连接

扫一扫看视频

★ 3. 48V无刷电动三轮车全车电路

48V无刷电动三轮车全车电路如图4-46所示。

无刷电动三轮车工作原理如下：

1）当用户打开电源锁后，仪表上得到供电，电源指示灯亮，显示蓄电池电量。同时控制器也得到供电。此时，电动机不转，但是控制器输出5V电压给转把内的霍尔元件供电，同时输出5V电压给电动机内霍尔元件供电。

2）当用户旋转转把时，转把信号线输出1～4.2V电压，此电压传递给控制器，控制器的零起动功能使电动机起动，电动机起动后，其内部磁钢转动，使霍尔传感器产生对应的位置信号，使霍尔元件输出0～5V的开关信号电压，此信号传递给控制器，控制的三相引线输出0～38V的由低到高的交流电压，此电压给电动机线圈，电动机开始由慢到快旋转。

当用户手捏刹把时，控制器得到5～0V（低电平刹车）的刹车信号电压，断开电动机供电，电动机停止运转，起刹车断电作用。

三、控制器的安装要求 ★★★

控制器的安装位置要求一是防雨，二是安装、拆卸维修方便。电动三轮车控制器一般安装在坐垫下面，也有安装在后车厢下面的。控制器安装在后车厢下面的情况如图4-47所示。

第四章 无刷电路电动三轮车结构与维修

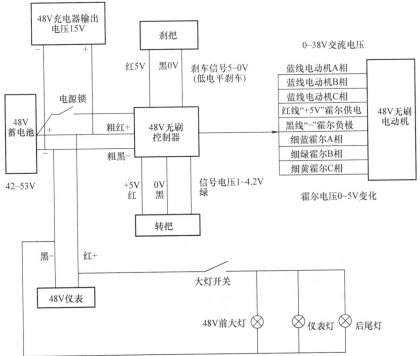

图 4-46 48V 无刷电动三轮车全车电路

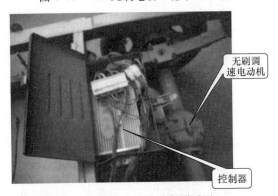

图 4-47 控制器安装在后车厢下面

注意事项

1) 安装的地方最好有良好的散热,如安装在有金属件相接触或有良好的通风处,不允许在控制器外壳上用导热性差的东西包裹,否则可能导致控制器无法散热而损坏。

2) 控制器要做好防雨,避免雨淋损坏。插件安装的地方避免浸水,或者可以用绝缘密封的材料进行包扎(材料适应温度:-20~80℃)。

3) 安装之前必须检查好接插件是否接触良好。接触不良或已经脱落的线头必须用专用工具进行重新压接,或使用电烙铁焊接,保证导线和接触片良好的导通。

4) 安装好所有部件以后,要将多余的引线进行包扎整理,然后一并塞进整车内,并用双面胶或扎线绑扎。

四、自学习无刷控制器接线和功能 ★★★

由于无刷控制器与无刷电动机的 8 根引线在维修更换时配线较困难，目前市场上出现了一种自学习无刷控制器，又称万能无刷控制器。自学习无刷控制器的出现使无刷控制器与无刷电动机的配线更加简单、方便、快捷。其接线方法与普通型无刷控制器一样，只是另外多了一个自学习线插件（又称调试线）。下面以自学习型 48V/500W 智能无刷控制器实例进行说明。自学习 48V/500W 智能无刷控制器外形如图 4-48 所示。

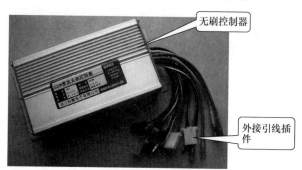

图 4-48　自学习 48V/500W 智能无刷控制器外形

★ 1. 自学习 48V/500W 智能无刷控制器接线说明

自学习 48V/500W 智能无刷控制器接线方法如图 4-49 所示。

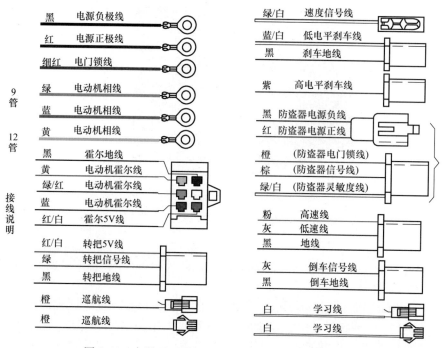

图 4-49　自学习 48V/500W 智能无刷控制器接线方法

★ 2. 功能特点

（1）超静音设计技术

独特的电流控制算法，能适用于任何一款无刷电路电动三轮车的电动机，并且具有相当的控制效果，提高了电动车控制器的普遍适应性，使电动机和控制器不再需要匹配。

（2）恒流控制技术

电动车控制器堵转电流和动态运行电流完全一致，保证了蓄电池的寿命，并且提高了电动机的起动转矩。

（3）自动识别电动机模式系统

自动识别电动车电动机的换向角度、霍尔相位和电动机输出相位，只要控制器的电源线、转把线和刹车线不接错，就能自动识别电动机的输入与输出模式，可以省去无刷电动车电动机接线的麻烦，极大降低了电动车控制器的使用要求。

（4）具有反充电功能

具有反充电的功能，延长了电池寿命，增加了续驶里程。

（5）电动机锁系统

在警戒状态下，报警时控制器将电动机自动锁死，控制器几乎没有电力消耗，对电动机没有特殊要求，在蓄电池欠电压或其他异常情况下对电动车正常推行无任何影响。

（6）自检功能

自检分动态自检和静态自检，控制器只要在上电状态，就会自动检测与之相关的接口状态，如转把、刹把或其他外部开关等，一旦出现故障，控制器便自动实施保护，充分保证骑行的安全，当故障排除后控制器的保护状态会自动恢复。

（7）堵转保护功能

自动判断电动机在过电流时是处于完全堵转状态还是在运行状态或电动机短路状态，如果过电流时是处于运行状态，控制器将限流值设定为固定值，以保持整车的驱动能力；如电动机处于纯堵转状态，则控制器 2s 后将限流值控制在 10A 以下，起到保护电动机和蓄电池，节省电能的作用；如电动机处于短路状态，控制器则使输出电流控制在 2A 以下，以确保控制器及蓄电池的安全。

（8）动静态断相保护功能

在电动机处于运行状态时，电动车电动机任意一相发生断相故障，控制器都会实行保护，以避免造成电动机烧毁，同时保护电动车蓄电池，延长蓄电池寿命。

（9）功率管动态保护功能

控制器在动态运行时，实时监测功率管的工作情况，一旦出现功率管损坏的情况，控制器马上实施保护，以防止由于连锁反应损坏其他功率管，以及出现推车比较费力的现象。

（10）防飞车功能

该功能解决了无刷电动车控制器由于转把或电路故障引起的飞车现象，提高了系统的安全性。

（11）1+1 助力功能

用户可自行调整采用自向助力或反向助力，实现了在骑行中辅以动力，让骑行者感觉更轻松。

（12）巡航功能

自动/手动巡航功能一体化，用户可根据需要自行选择，8s 进入巡航，稳定行驶速度，无须手柄控制。

（13）模式切换功能

用户可切换电动模式或助力模式。

(14) 防盗报警功能

引入汽车级遥控防盗理念,防盗的稳定性更高,在报警状态下可锁死电动机,报警喇叭音效高达 125dB 以上,具有极强的威慑力。并具有自学习功能,遥控距离长达 150m 不会有误码产生。

自学习智能型防盗报警控制器采用低功耗模式,使控制器在防盗警戒状态的功耗极小(静态电流≤8mA),即使用户忘了解除警戒,也可保证电动车在长期不使用的情况不会使蓄电池的电量放完。

(15) 高效率

自学习智能型高速电动机控制器采用最高效率控制技术(效率≥90%),从而提高了电动车的续驶里程。

(16) 电动机相位

60°、120°电动机自动兼容,不管是 60°电动机还是 120°电动机,都可以兼容,不需要修改任何设置。

★ 3. 自学习线调试方法

先将自学习线连接,接好控制器其他引线,电动机线和霍尔线可随意接,打开电门锁开关,将转把转到最大档,转动电动机在 5s 内放开转把,控制器进入电动机模式识别,当电动机模式识别完后,如果电动机旋转正常,并且自动将电动机的模式存入单片机,拔下自学习线即可。若电动机反转,关闭电源锁,重新将自学习线插上,按以上方法再自学习一次即可。

五、万能双模四合一无刷控制器接线和功能 ★★★

下面以万能双模四合一 48V/500W 无刷控制器为例加以说明。万能双模四合一 48V/500W 无刷控制器外形如图 4-50 所示;万能双模四合一 48V/500W 无刷控制器接线图如图 4-51 所示。

图 4-50 万能双模四合一 48V/500W 无刷控制器外形

★ 1. 有、无霍尔自适应

(1) 全自动适应(适用于二级市场)

有霍尔驱动与无霍尔驱动之间自动切换,同时具备自学习功能(无学习过程,在骑行过程中自动学习),特别适用于维修市场。它不管您是用 120°电动机还是 60°电动机,也不管霍尔线和相线怎么接,只要正确地把功能线接好,所有的事情控制器就会自动为您做好,如果转动方向不对,拔插一下学习线即可。

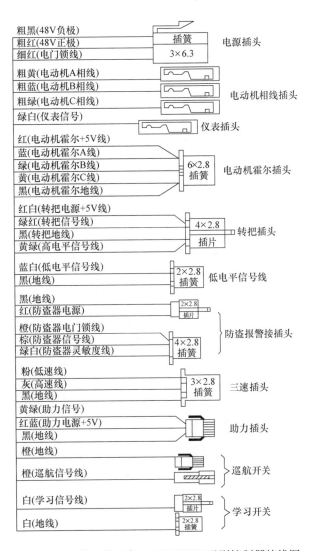

图 4-51　万能双模四合一 48V/500W 无刷控制器接线图

（2）固定相位自适应（适用于一级市场）

对于整车生产厂家，如果所配的电动机是标准的，那就可以直接使用控制器默认的相位，如果电动机在运行过程中霍尔出现异常，系统会自动切换到无霍尔驱动模式；如果霍尔故障排除，则系统会自动恢复有霍尔驱动模式。

★ 2. 48~64V 自适应

控制器能自动识别蓄电池电压，正确锁定欠电压保护值。

★ 3. 防盗功能

（1）非外接防盗器

关闭电门锁，系统会自动进入防盗状态，当控制器检测到电动机往前转，控制器就往后加力，反之亦然。

（2）外接防盗器

控制器在接收到有效防盗信号后，进入防盗状态，当控制器检测到电动机往前转，控制器就往后加力，反之亦然。

★ 4. 软欠电压和欠电压保护功能

当蓄电池电压不足又没到欠电压保护时，如果持续用大电流输出，蓄电池内阻以及线阻会产生比较大的压降，导致控制器马上欠电压保护。针对这种情况，我们的控制器在蓄电池电压低于44V时，限流值会随着蓄电池电压降低而减小，因此控制器能够继续以小电流形式运行，有效地提升了电动车的续驶里程。当蓄电池电压低于欠电压保护值后，就关断输出，保护蓄电池。

★ 5. 倒车功能

按下倒档开关后，控制器停止向前输出并且开始检测电动机转动速度，当检测到电动机转速减到零，而且转把重新回零再转后，控制器开始控制电动机反转。反转最高转速为正转最高转速的30%。

★ 6. 各种保护功能

相线短路保护、堵转保护、欠电压保护、过电流保护、断相保护、MOS短路保护、上电转把不为零保护（防飞车）、刹车故障保护等。

★ 7. 限速功能

带有限速插件，可实现限速功能。用户可根据需要有效保证电动车运行速度，接通限速选择线后手把最大输出时速不超过20km/h。

★ 8. 变速功能、档位指示

客户能按照自己的需求，设定车速，高速时可提速到原始速度的120%，中速为原始速度，低速为原始速度的90%。能显示高、中、低三种速度。

六、无刷控制器常见故障和维修方法 ★★★

★ 1. 无刷控制器常见故障和原因

无刷控制器常见故障有：控制器进水烧坏；控制器无电压输出；控制器正负极接反烧坏；控制器负载过重。

无刷控制器损坏原因如下：

（1）控制器电压击穿

无刷电动机绕组内流动的是三相脉动电流，有感应电动势，易导致控制器烧毁。无刷电动机一般没有超越离合器，车轮转得越快，感应电动势就越高，当超过元器件的耐电压值时，会导致控制器的电子换向系统"电压击穿"，轮子突然卡死，电动三轮车就骑不动，也推不动。这时可将电动机输出线拔掉，使之"开路"，如果断开后手转电动机正常，表明控制器损坏。这种情况常见的是控制器内MOS管击穿损坏。

（2）控制器内部元器件烧坏

控制器内部元器件烧坏，大多原因是控制器的电源正负极接反，或控制器雨天进水、控制器引线短路等。

★ 2. 无刷控制器损坏的维修方法

1）打开电源锁开关，观察仪表上的电源指示灯是否亮，如不亮，检查蓄电池和电源锁；如果亮，则拔掉左右把两芯插件，旋转转把试车，如果电动机旋转，说明刹把损坏，更换新刹把即可。

2)将万用表置于 DC 200V 电压档,测量控制器的供电线是否有蓄电池电压。如果没有电压,检查蓄电池、电源锁和控制器红色供电线的熔丝管;如果有电压,说明控制器已经供电。测量无刷控制器的供电线电压如图 4-52 所示。

图 4-52 测量无刷控制器的供电线电压

3)测量控制器的 5V 输出(转把的 5V 供电和霍尔 5V 供电),如果无 5V 电压,说明控制器的 5V 输出损坏,应更换控制器。测量控制器 5V 输出如图 4-53 所示。

图 4-53 测量控制器 5V 输出

4)如果转把 5V 供电正常,则转动转把,测量转把的信号线与地线之间应有 1~4.2V 电压(实测值有误差)变化,如果无电压变化说明转把损坏,应更换新转把。对于转把损坏造成的控制器无输出的故障,可用导线直接短接转把的电源线与信号线,如果电动机高速运转,说明转把损坏。测量转把信号线电压如图 4-54 所示。

图 4-54 测量转把信号线电压

5）使用 LY-2 无刷电动车综合检测仪测量电动机霍尔元件的好坏，如果检测仪的 3 个霍尔元件检测灯亮、灭依次变化，说明霍尔元件正常，否则霍尔元件损坏，应更换电动机霍尔元件，或直接更换万能控制器。电动机霍尔元件检测如图 4-55 所示。

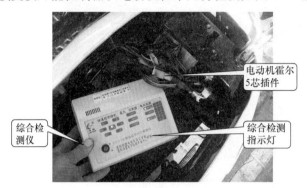

图 4-55　电动机霍尔元件检测

6）在转把和霍尔元件正常的情况下，将万用表置于 AC 200V 档，转动转把测量控制器与电动机的任两条引线应有 0～38V 由低到高的交流电压（48V 电动车）。如无交流电压输出说明控制器损坏，应更换同型号的控制器，如图 4-56 所示。

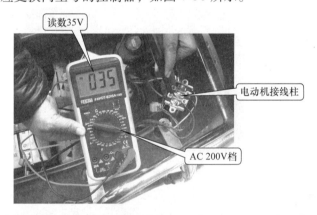

图 4-56　测量无刷控制器输出交流电压

★3. 用二极管档检测无刷控制器好坏的方法

选用万用表二极管档，用红表笔接无刷控制器负极线，黑表笔依次接无刷控制器电动机相线蓝、绿、黄线，三根引线测得的结果约为 550mV（因型号不同读数有误差），读数应基本一致，表示控制器基本正常，否则说明控制器损坏。需要说明的是，这种方法实际上是测量控制器内 MOS 管的好坏，因为控制器烧坏，大多为 MOS 管击穿短路，经过以上测量读数基本一样，只能说明控制器基本正常，不代表 100% 正常；但是读数不一样，例如有个数值显示为"0"，可判断控制器损坏。用万用表二极管档检测无刷控制器如图 4-57 所示。

★4. "绿盟"牌 LY-2 无刷电动车综合检测仪检测无刷控制器

把原车无刷电动机与控制器的插头线一起断开，然后将检测仪五芯线公插头与控制器五芯线母插头对接牢固，五芯线插头与无刷电动机五芯线分插头对接牢固，检测仪的黄、绿、蓝三根子弹头线与无刷控制器的黄、绿、蓝三根粗相线对接牢固，打开电源锁，将转把转到

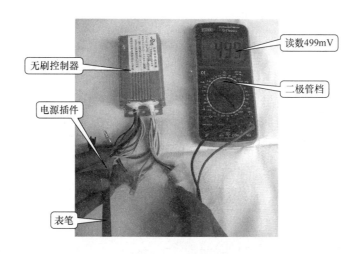

图 4-57 用万用表二极管档检测无刷控制器

最大位置,观察检测仪上对应的三组控制器检测指示灯,应有规律地依次交替闪亮,此时得出检测结果是控制器无故障。反之,有一组指示灯长亮或不亮,说明该相线功率管已损坏,也就是控制器损坏。综合检测仪检测无刷控制器如图 4-58 所示。

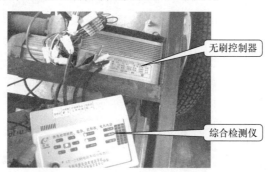

图 4-58 综合检测仪检测无刷控制器

七、无刷控制器各接口的工作状态及参数 ★★★

正常情况下无刷控制器各接口的工作状态及参数见表 4-1。

表 4-1 正常情况下无刷控制器各接口的工作状态及参数

类别	接口名称	状态	说明
控制器电源	电源 48V	42~54V	蓄电池"+"端的电压,使用过程中,电压会随着电量的多少而变化,电压只有在 42~54V 这个范围里控制器才可以正常工作,42V 是控制器的欠电压点,低于该点控制器不工作。54V 是充满电后的电压,过高的电压也会引起控制器的损坏
	电源 5V	5V±0.5V	仅用来给调速转把、位置传感器等霍尔元件小电流供电,不可给外部其他元器件供电,不可对地短路
	地线	0V	蓄电池的"-"端,是测量电压的参考点,与控制器相关的电路都是同一根地线

(续)

类别	接口名称	状态	说 明
控制信号	刹车信号	5V 或 0V	低电平刹车，5V 表示刹车不起作用，0V 表示刹车起作用
	调速信号	0~4.2V±0.5V	在这个范围里调速起作用，电压的大小和速度的快慢成正比
位置传感器信号	A 相位置信号	0V 或 5V	三相位置信号的理论波形和相对关系，可以使用示波器观察；也可用万用表测量，打开电源锁，用手慢慢转动电动机，用直流电压档测量信号线对地线的电压应为 0~5V 变化
	B 相位置信号		
	C 相位置信号		
电动机驱动输出	电动机 A 相	0~38V 交流电压	在调速信号为最高时，它们的理论波形可以使用示波器观察；在调速信号不为最高时波形上会带有斩波
	电动机 B 相		
	电动机 C 相		

★★★ 第三节　无刷差速电动机结构原理与接线方法 ★★★

一、无刷差速电动机简介 ★★★

目前，无刷电动三轮车大多采用无刷差速电动机。无刷差速电动机是由一个普通无刷电动机和一个差速离合器组成的。它结构设计合理紧凑，节能、环保、省电、低噪声。内部采用全钢齿轮传动，拆装方便。采用双驱差速传动，转矩大，爬坡载重能力强。

差速电动机后桥驱动系统的优点在于：差速电动机和电动三轮车后桥为一体，由电动机侧盖与后桥半轴密封连接，可以由电动机的差速转子转动带动后桥半轴转动，并由后桥半轴带动两端的车轮行驶，其结构简单无噪声，实现了电动三轮车的电动机和后桥底盘一体化的目的，使电动三轮车的底盘在传动中减少了阻力，又可以提高电动三轮车车速、降低噪声，且其结构简单，易于操作。

无刷差速电动机外形如图 4-59 所示。

图 4-59　无刷差速电动机外形

二、无刷差速电动机的结构 ★★★

无刷差速电动机由电动机转子、电动机定子两大部件组成，其他附件有左右端盖和轴承。无刷差速电动机拆卸后内部结构如图 4-60 所示。

第四章 无刷电路电动三轮车结构与维修

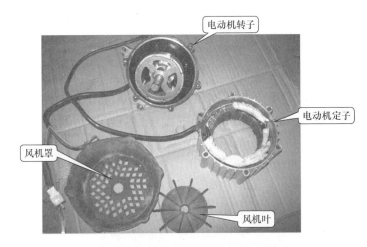

图 4-60 无刷差速电动机拆卸后内部结构

★ 1. 转子

无刷电动机转子就是旋转部分，转子上面有磁钢，无刷电动机磁钢一般制作成直片状，按 N、S 进行排列，用环氧树脂胶粘在电动机转子上。无刷电动机转子如图 4-61 所示。

★ 2. 定子

定子就是静止部分，定子上面有线圈、霍尔元件。无刷电动机定子如图 4-62 所示。

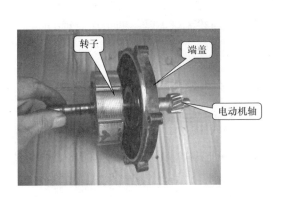

图 4-61 无刷电动机转子

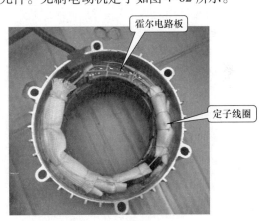

图 4-62 无刷电动机定子

★ 3. 霍尔元件

霍尔元件又称霍尔传感器，无刷电动机采用 3 个开关型霍尔元件。在这里，霍尔元件起位置传感器的作用，检测转子磁极的位置，它的输出使定子绕组供电电路通断，又起开关作用，当转子磁极离去时，使上一个霍尔元件停止工作，下一个元件开始工作，转子磁极总是面对磁场，霍尔元件又起改变定子电流方向的作用。霍尔元件如图 4-63 所示。

图 4-63 霍尔元件

★ 4. 端盖和轴承

左右端盖起支撑作用，轴承和电动机轴连接转动部分与不动部分。无刷电动机端盖和轴承如图4-64所示。

图4-64 无刷电动机端盖和轴承

三、无刷电动机的工作原理 ★★★

无刷电动机由电动机主体和驱动器组成，是一种典型的机电一体化产品。电动机的定子绕组多做成三相对称星形联结，同三相异步电动机十分相似，电动机的三相定子绕组各相差120°电角度，电动机的转子上粘有已充磁的永磁体，为了检测电动机转子的极性，在电动机内装有霍尔位置传感器。下面以无刷电动机的工作模型图阐述无刷电动机的工作原理。

无刷直流电动机的工作模型图如图4-65所示。

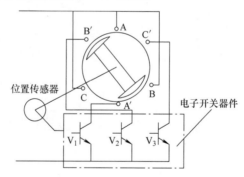

图4-65 无刷直流电动机的工作模型图

无刷电动机没有电刷和换向器，采用开关型霍尔元件作为位置传感器。位置传感器和定子绕组是固定不转的，转子是永久磁铁，磁铁经过转子位置传感器后，霍尔元件产生一个脉冲。由控制器根据转子的位置，为电动机里面的线圈提供不同方向的电流，达到电流方向交替变化的目的。

无刷直流电动机使用永磁转子，在定子的适当位置放置3个霍尔元件，它们的输出和相应的定子绕组的供电电路相连。当转子经过霍尔元件附近时，永磁转子的磁场使已通电的霍尔元件输出一个电压使定子绕组供电电路导通，给相应的定子绕组供电，产生和转子磁场极性相同的磁场，推动转子继续转动到下一位置，前一位置的霍尔元件停止工作，下一位置的霍尔元件导通，使下一绕组通电，产生磁场使转子继续转动。如此循环，维持电动机的工作。

无刷电动机的磁钢数量比较多，常见有 12 片、16 片、18 片，其对应的定子槽数是 36 槽、48 槽、54 槽。线圈一般有 3 组，每组线圈都有相应的霍尔元件，霍尔元件通常安装在转子有引线一端，并靠近定子磁钢的地方，这样电动机旋转时就更加平稳，效率更高。

无刷直流电动机以霍尔传感器取代电刷、换向器，以钕铁硼作为转子的永磁材料，通过电子开关电路控制电动机线圈中电流的接通与断开，电路的通断由霍尔元件检测控制。三相绕组在霍尔元件的控制下换向导通，使转子不停转动。无刷直流电动机产品性能全面超越传统直流电动机，同时又解决了直流电动机电刷磨坏的缺点，是当今理想的调速电动机，在电动三轮车上使用取代传统直流有刷电动机可以达到更高的效率。由于采用方波驱动，让蓄电池有时间修补电极板，可以延长蓄电池的寿命，提高约 1.3 倍的蓄电池容量，极大地改善了蓄电池的性能。

四、无刷电动机与控制器的连接 ★★★

无刷电动机共有 8 根引线，其中 3 根粗线，为蓝线（A 相）、绿线（B 相）、黄线（C 相）是电动机相线（即线圈引出线）。另外 5 根引线是无刷电动机的霍尔元件引线，分别是霍尔元件的公共电源正极红线、公共电源负极黑线、A 相霍尔输出蓝线、B 相霍尔输出绿线和 C 相霍尔输出黄线。无刷电动机的 8 根引线如图 4-66 所示。

电动机
蓝线
电动机
黄线
5芯霍尔
插件
电动机
绿线

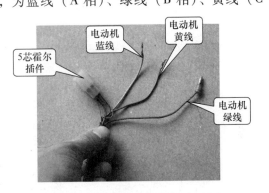

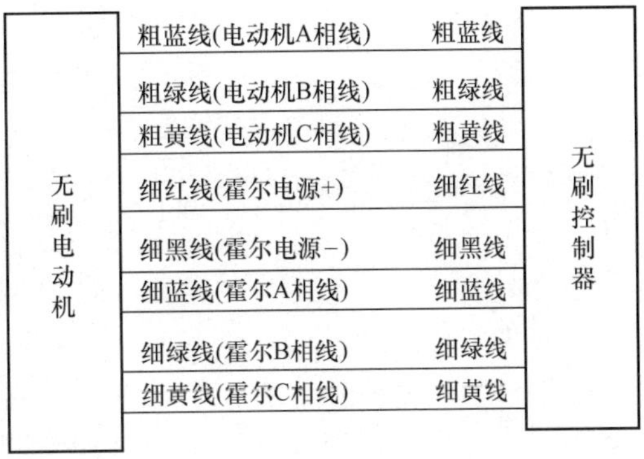

图 4-66　无刷电动机的 8 根引线

无刷电动机的线圈引线 3 根，霍尔引线 5 根，这 8 根引线必须和控制器相应引线一一对应连接，电动机才能正常旋转，否则电动机不能正常转动。由于无刷电动机与无刷控制器还没有统一生产标准，所以无刷电动机与无刷控制器的 8 根引线颜色对应接线，电动机也不一定会正常旋转。无刷电动机的 8 根引线与控制器连接图如图 4-67 所示。

无刷电动机
粗蓝线(电动机A相线)
粗蓝线
粗绿线(电动机B相线)
粗绿线
粗黄线(电动机C相线)
粗黄线
细红线(霍尔电源+)
细红线
细黑线(霍尔电源−)
细黑线
细蓝线(霍尔A相线)
细蓝线
细绿线(霍尔B相线)
细绿线
细黄线(霍尔C相线)
细黄线
无刷控制器

图 4-67　无刷电动机的 8 根引线与控制器连接图

一般来说电动机的电角度有60°和120°两种。60°电动机接线有两种正确的接法，一种是正转，一种反转；120°电动机有6种接法，3种正转，3种反转。在电角度对应的前提下，如果控制器颜色与电动机颜色对应后转动还是不正常的话，那就要进行调线了。无刷电动机与控制器的连接有6根引线需对调6次，共有36种接法。

试过36种接法，如果无刷电动机反转，表明无刷控制器与无刷电动机的相角是匹配的，可以通过调整电动机与控制器的相线来调整电动机的转向，将无刷电动机与无刷控制器的霍尔引线的绿色线和黄色线交换；同时将无刷电动机与无刷控制器的主相线蓝色线和黄色线交换，见表4-2。

表4-2 无刷电动机反转的调线

控制器引出线		正转	反转	电动机引出线
五芯塑料插件	红色	红色	红色	5根霍尔信号线 （电动机5根细线）
	黑色	黑色	黑色	
	绿色	绿色	黄色	
	黄色	黄色	绿色	
	蓝色	蓝色	蓝色	
三芯子弹头形插件	蓝色	蓝色	黄色	3根相线 （电动机3根粗线）
	绿色	绿色	绿色	
	黄色	黄色	蓝色	

另外，需要特别说明，无刷电动机的换相是由控制器来实现的，所以它的反转需要对调2组引线，见表4-2。需要反转时，绝对不可反接控制器电源来实现，这样会损坏控制器。

> **知识链接**
>
> ### 无刷电动机的相角
>
> 无刷电动机的相角是无刷电动机的相位代数角的简称，指无刷电动机各线圈在一个通电周期里线圈内部电流方向改变的角度，又称电角度。
>
> 电动三轮车无刷电动机的相角有120°与60°两种。一般120°相角电动机的三个霍尔元件摆放位置是平行的。60°相角电动机的三个霍尔元件中间的一个霍尔元件是呈翻转180°摆放的。120°与60°两种相角的霍尔元件摆放情况如图4-68所示。
>
> 60°和120°相角的无刷电动机，需要由与之相对应的60°和120°相角的无刷电动机控制器来驱动，不同相角的电动机与控制器不能代换。控制器生产厂家在生产无刷控制器时设计有封闭小线（或插件），一般是连接时120°，断开时60°，但实际使用时应以控制器上面的说明为准。
>
> 60°相角的无刷电动机与60°相角的控制器通过调整线圈引线的相序和霍尔元件引线的相序，正确接线有两种可使电动机旋转，一种正转，一种反转。
>
> 120°相角的无刷电动机与120°相角的控制器，通过调整线圈引线的相序和霍尔元件引线的相序，正确接线有6种可使电动机旋转，其中3种接法电动机正转，另外3种接法电动机反转。

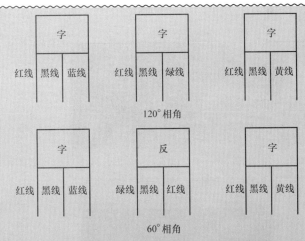

图 4-68 120°与60°两种相角的霍尔元件摆放情况

判断电动机的相角有以下几种方法：

1) 观察电动机内霍尔元件的摆放情况，通过霍尔元件引线的红线的位置就可做出判断，此法只有在打开电动机维修时才能看到。

2) 查看无刷控制器的标签，因为无刷控制器要与无刷电动机相序对应才能正常旋转。

3) 用"绿盟"牌 LY-2 无刷电动机综合检测仪检测判断。如果是60°无刷电动机，测量出的霍尔真值信号应该是：100、110、111、011、001、000（1表示开，0表示关）。如果是120°无刷电动机，测量出的霍尔真值信号应该是按照100、110、010、011、001、101的规律变化，这样霍尔元件引线的通电相序就判断出来了。在维修实践中，我们只需要知道120°无刷电动机的相序就可以了。

★★★ 第四节　无刷差速电动机拆装与维修 ★★★

一、无刷差速电动机的拆装方法 ★★★

无刷差速电动机的拆装步骤如下：

1) 拔掉电动机和控制器的连线，并记录电动机与控制器的连线颜色是否对应，如果不对应要做好记录。然后把电动机从电动三轮车上卸下来。被拆卸的无刷差速电动机外形如图4-69所示。

2) 将电动机放在工作台上，用扳手卸下电动机与差速器的固定螺栓，然后将电动机和差速器分离，如图4-70所示。

3) 取下风机罩上的固定螺栓后，将风机罩取下，如图4-71所示。

4) 取下风叶，与风机罩一同保存好备用，如图4-72所示。

5) 用卡簧钳取下电动机轴上的卡簧，如图4-73所示。

6) 采用对角松动的方法取下电动机左侧端盖的固定螺钉，既省力又不会损坏电动机。接着撬开端盖，注意撬动时要小心操作，不要损伤电动机的端盖和线圈。然后将电动机端盖

扫一扫看视频

取下，如图 4-74 所示。

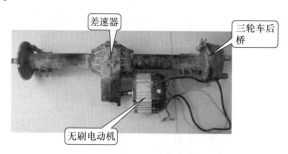

图 4-69　被拆卸的无刷差速电动机外形

图 4-70　将电动机和差速器分离

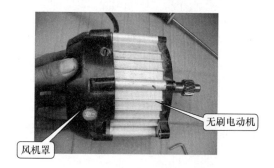

图 4-71　取下风机罩

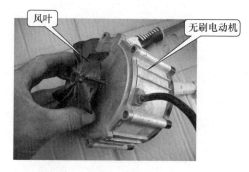

图 4-72　取下风叶

7）将电动机定子从转子中取出。打开后的无刷电动机如图 4-75 所示。

第四章 无刷电路电动三轮车结构与维修

8)无刷电动机的装配步骤按照相反的步骤进行。组装电动机前,要清洁电动机部件,将绝缘垫片要放好,并在电动机端盖上涂上密封胶,以免电动机内进水。

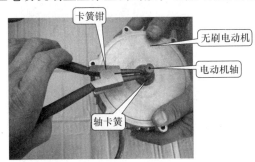

图 4-73 取下电动机轴上的卡簧

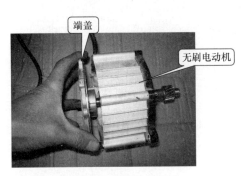

图 4-74 将电动机端盖取下

图 4-75 打开后的无刷电动机

二、无刷电动机差速器的拆装方法 ★★★

1)用扳手取下差速器上的固定螺栓,如图 4-76 所示。

2)将差速器分离,如图 4-77 所示。然后将两个半轴分别取下,如图 4-78 所示。差速器左半部如图 4-79 所示;差速器右半部如图 4-80 所示。

3)对差速器内部齿轮上黄油进行保养,如图 4-81 所示。

4)分解后的差速器部件如图 4-82 所示。

5)差速器的安装步骤按照与拆卸相反的步骤进行。组装差速器前,要清洁差速器各部件,将绝缘垫片放好,并将差速器端盖上的螺栓紧固好,以免电动机内进水。

扫一扫看视频

图 4-76　取下差速器上的固定螺栓

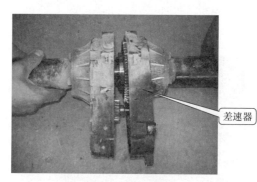

图 4-77　将差速器分离

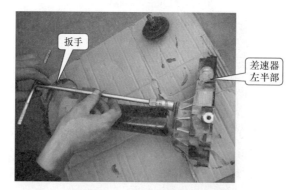

图 4-78　取下半轴

图 4-79　差速器左半部

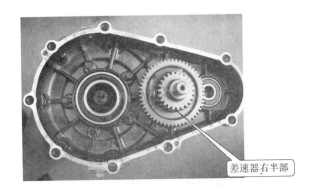

图 4-80　差速器右半部

a)　　　　　　　　　　　　　　　b)

图 4-81　差速器内部保养

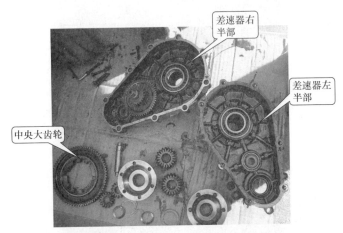

图 4-82　分解后的差速器部件

三、无刷差速电动机的故障维修方法 ★★★

无刷差速电动机常见故障是磁钢脱落、霍尔元件损坏、轴承损坏、电动机引出线断裂等。

★1. 无刷差速电动机磁钢脱落的维修方法

1）打开电动机，检查转子上的磁钢脱落情况，发现有一只磁钢脱落，如图 4-83 所示。

2）取下脱落的磁钢，将旧磁钢和转子用砂布清理干净，涂上 AB 胶，如图 4-84 所示。

扫一扫看视频

图 4-83　检查转子磁钢脱落

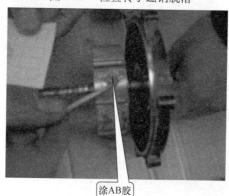

图 4-84　涂上 AB 胶

3）将脱落的磁钢按原位置粘好，如图 4-85 所示。等 AB 胶晾干发白后，将电动机组装复原。

图 4-85　粘好脱落的磁钢

第四章 无刷电路电动三轮车结构与维修

★ 2. 无刷电动机霍尔元件的维修方法

(1) 故障现象

无刷电动机霍尔元件有一个损坏，便会造成电动机断相，表现为电动机乏力、转速低。如果两个或三个霍尔元件损坏，则会造成电动机不转的故障。

(2) 检测方法

用"绿盟"牌 LY-2 无刷电动机综合检测仪检测，方便快捷。将电动机霍尔元件插入检测器，转动电动机，若检测仪各指示灯依次闪亮，说明霍尔元件正常；如果指示灯出现常亮或者不亮，则表明该路霍尔元件损坏，如图 4-86 所示。

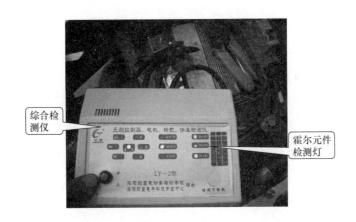

图 4-86 综合检测仪检测霍尔元件

(3) 维修方法

1) 如果霍尔元件损坏，为了保证电动机换相精确，需将三个霍尔元件同时更换。首先记住原霍尔元件红线（即电源脚）和霍尔元件蓝、绿、黄线的安装位置，然后将霍尔引脚与引出线剪断，并用工具去掉旧霍尔元件，清理霍尔元件安装槽。

2) 按原位置将霍尔元件放在凹槽内，并用 AB 胶粘牢。

3) 用 50W 以内的电烙铁将新霍尔元件引脚上焊锡，然后将 5 根引线分别焊好，焊接前要先将霍尔元件引脚上套上绝缘管，以防霍尔元件引脚短路，焊接速度要快，避免温度过高损坏霍尔元件。更换好霍尔元件的电动机如图 4-87 所示。

图 4-87 更换好霍尔元件的电动机

名师指导

9根霍尔元件引线的连接方法

将霍尔元件的3条红色正极线并联在一起，3条黑色负极线并联在一起，霍尔元件的蓝、绿、黄引线和一根红色正极线，一根黑色负极线共5根引线引出电动机轴。120°相角9根霍尔元件引线的连接方法如图4-88所示。

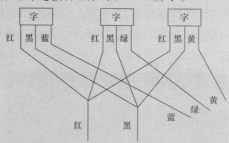

图4-88　120°相角9根霍尔元件引线的连接方法

★3. 无刷电动机输出线的检修

（1）故障现象

电动机引出线常见故障是断裂，大多数断裂处在电动机轴头处，此处断裂无法重新连接，需打开电动机外壳进行检修。

（2）检测方法

打开电动机端盖后，用万用表蜂鸣器档测量电动机输出线是否损坏断裂，如果损坏，则需更换新线。用万用表蜂鸣器档测量如图4-89所示。

图4-89　电动机引出线的测量

（3）维修更换方法

取下旧电动机引线。根据电动机的功率选择相应的新引线，无刷电动机常见的有350W和500W两种引出线，其粗细不同。然后将新线穿入电动机轴，按颜色进行对接，并用电烙铁焊好，最后进行绝缘处理。另外，如果引线过长，要用扎带扎好，以免被转子碰到损坏。

★★★ 第五节 充电器结构原理与维修 ★★★

一、充电器简介 ★★★

充电器是电动三轮车电气四大件之一。充电器的作用是给电动三轮车蓄电池补充电能。它的工作过程是将交流 220V 电转换为蓄电池需要的直流电，为蓄电池充电，供电动三轮车使用。充电器的性能和质量主要影响蓄电池的使用寿命。常见充电器外形如图 4-90 所示。

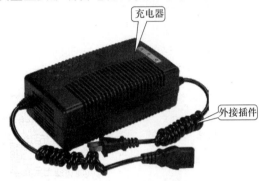

图 4-90 常见充电器外形

二、充电器分类 ★★★

★ 1. 按照输出电压分类

充电器按输出电压不同可分为 36V、48V、60V、72V 几种。

★ 2. 按蓄电池容量大小分类

充电器按其蓄电池容量大小可分为 10Ah、20Ah、32Ah、100Ah 几种。

★ 3. 按充电器构成分类

充电器按构成分为变压器型、晶闸管型、开关电源型三种。

三、充电器的结构原理 ★★★

充电器的内部是由电子电路组成的，它的基本结构是由集成电路和外围部件组成。

目前市场上的充电器大多采用开关电源型三段式结构。一般开关电源部分采用的集成电路以 UC3842 较多。

UC3842 构成充电器内部结构如图 4-91 所示。

充电器的工作原理框图如图 4-92 所示。

充电器主要由整流滤波、高压开关、电压交换、恒流、恒压及充电控制等几个部分组成。其中整流滤波电路的用途是将市电 AC 220V 电压转变为 DC 300V 左右的电压，通过高压开关电路及电压交换，产生充电所需的低压直流电压，再经充电控制后对蓄电池充电。恒流、恒压充电控制电路的作用是保持充电时电流、电压的稳定，以免损坏蓄电池。采用这种方式的充电器具有体积小、重量轻、效率高等优点。

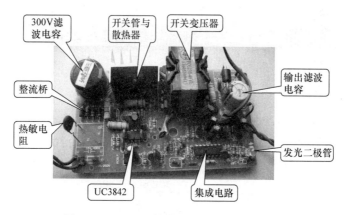

图 4-91 UC3842 构成充电器内部结构

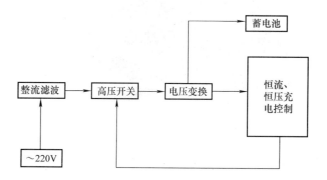

图 4-92 充电器的工作原理框图

四、充电器的常见规格型号 ★★★

充电器常见规格型号见表 4-93。

表 4-3 充电器常见规格型号

参数 规格	充电电流 /A	最高电压 /V	浮充电压 /V	转化电流 /A
24V/5Ah	0.7~0.8	29.6±0.2	27.6±0.2	0.25~0.30
24V/7Ah	0.9~1.1	29.6±0.2	27.6±0.2	0.30~0.35
24V/17Ah	2.4~2.7	29.6±0.2	27.6±0.2	0.50~0.55
36V10Ah~12Ah	1.5~1.8	44.4±0.2	41.4±0.2	0.35~0.40
36V14Ah	2.0~2.5	44.4±0.2	41.4±0.2	0.40~0.45
36V17Ah	2.4~2.7	44.4±0.2	41.4±0.2	0.50~0.55
36V20Ah	2.4~3.0	44.4±0.2	41.4±0.2	0.55~0.60
48V10Ah~12Ah	1.5~1.8	59.2±0.2	55.2±0.2	0.35~0.40
48V14Ah	2.0~2.5	59.2±0.2	55.2±0.2	0.40~0.45
48V16Ah~17Ah	2.4~2.7	59.2±0.2	55.2±0.2	0.50~0.55
48V20Ah	2.4~3.0	59.2±0.2	55.2±0.2	0.55~0.60

(续)

参数 规格	充电电流 /A	最高电压 /V	浮充电压 /V	转化电流 /A
48V24Ah	3.0~3.5	59.2±0.2	55.2±0.2	0.55~0.60
48V26Ah~28Ah	3.6~4.0	59.2±0.2	55.2±0.2	0.60~0.65
48V30Ah~32Ah	4.0~4.5	59.2±0.2	55.2±0.2	0.60~0.65
48V33Ah~36Ah	4.5~5.0	59.2±0.2	55.2±0.2	0.65~0.70
48V38Ah~42Ah	5.0~5.5	59.2±0.2	55.2±0.2	0.65~0.70
60V10Ah~12Ah	1.5~1.8	74.0±0.2	69.0±0.2	0.35~0.40
60V14Ah	2.0~2.5	74.0±0.2	69.0±0.2	0.40~0.45
60V20Ah	2.4~3.0	74.0±0.2	69.0±0.2	0.55~0.60
64V8Ah	1.2~1.5	79.0±0.2	73.6±0.2	0.30~0.35
64V10Ah~12Ah	1.5~1.8	79.0±0.2	73.6±0.2	0.35~0.40
64V14Ah	2.0~2.5	79.0±0.2	73.6±0.2	0.40~0.45
64V20Ah	2.4~3.0	79.0±0.2	73.6±0.2	0.55~0.60
72V10Ah~12Ah	1.5~1.8	88.8±0.2	82.8±0.2	0.35~0.40
72V20Ah	2.4~3.0	88.8±0.2	82.8±0.2	0.55~0.60

注：1. 表中数据为"三段式"充电器充电参数；
　　2. 特殊要求充电器按照技术协议要求。

五、充电器的使用要领 ★★★

充电器的正确使用，不仅影响到充电器自身的可靠性和使用寿命，而且还会影响到蓄电池的使用寿命。

充电器在充电时，应先插蓄电池插头，再插市电插头。充电时，充电器的电源指示灯显示红色，充电指示灯也显示红色。充电指示灯变为绿色后表示蓄电池已基本充满，如不急用，可再浮充1~2h。新蓄电池放完电后，充电时间为8~10h，实际使用中应根据每天的骑行距离，蓄电池放电情况而定。充足电后，先切断市电，后拔下蓄电池插头。如果在充电时先拔蓄电池插头，特别是充电电流大（红灯）时，非常容易损坏充电器。

注意事项

1) 当取下蓄电池时，注意不要用手或金属制品去触摸蓄电池的两个电极触头，以免受伤。另外，蓄电池应平放，注意不要倒置。

2) 请将充电器放置在干燥、通风良好的环境下使用，并需防潮、防湿。充电器工作时会产生一定的热量，充电器底部或四周严禁放置易燃物品，如塑料或泡沫等。如果您在充电时闻到异味或发现充电器外壳温度过高，应立即停止充电，检查修理。

3) 充电时，蓄电池及充电器应放置在儿童触及不到的安全地方。

4）使用或存放充电器时，应防止任何液体或金属屑粒等进入充电器内部。防止跌落及撞击，以免造成充电器损坏。

5）充电器属于较精密的电子设备，因此，在使用中要注意防振动。尽量不要随车携带，如确需携带，应将充电器用减振材料包装好后放置于车上工具箱内，并应注意防雨。

6）充电器内部有高压电路，请用户不要擅自拆卸。

六、充电器的检测方法 ★★★

★ 1. 观察充电器的指示灯

1）正常情况下，充电器空载时电源指示灯为红色，充电指示灯为绿色或橙色。如果指示灯不亮，则为有故障，应检修。

2）正常情况下，充电器插上蓄电池充电时电源指示灯为红色，充电指示灯刚充电时为红色，充满电后变为绿色或橙色。如果指示灯不亮，则为有故障，应检修。

★ 2. 测量空载电压法

正常情况下，用万用表 DC 200V 档测量充电器的直流输出端空载电压。36V 充电器输出空载电压为 42V 左右，如图 4-93 所示；48V 充电器输出空载电压为 56V 左右，如图 4-94 所示；60V 充电器输出空载电压为 72V 左右，如图 4-95 所示，否则为有故障，应检修。

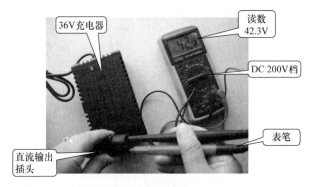

图 4-93 36V 充电器电压测量

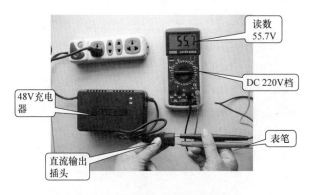

图 4-94 48V 充电器电压测量

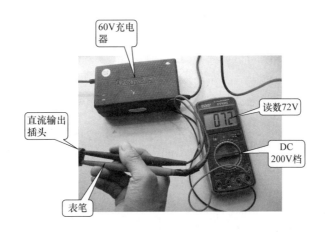

图 4-95　60V 充电器电压测量

七、充电器的更换方法 ★★★

充电器在代换时应与原充电器型号相同，主要关键点是输出电压和被充蓄电池的 Ah（安时）参数都要与电动三轮车相配套，还要注意充电器的输出插头的极性与蓄电池插头极性对应，否则会造成充电器损坏。

输出电压和被充蓄电池的容量可通用的充电器如下：

36V/10Ah、36V/12Ah 与 36V/14Ah 通用；
36V/20Ah、36V/22Ah 与 36V/24Ah 通用；
48V/10Ah、48V/12Ah 与 48V/14Ah 通用；
48V/20Ah、48V/22Ah 与 48V/24Ah 通用；
60V/20Ah、60V/22Ah 与 60V/24Ah 通用；
72V/20Ah、72V/22Ah 与 72V/24Ah 通用。

> **重要提示**
>
> 充电器的交流输入插头通用，直流输出插头不通用。直流输出插头有多种，有圆孔形的插头、T 形三孔插头、速派奇专用插头。更换时一定要与原车插头极性一样，否则会烧坏充电器。

充电器代换时，圆孔形输出插头中间为正极，外壳为负极，可以通用代换，三孔的不通用。圆孔形的插头极性如图 4-96 所示。

T 形三孔插头极性大多为 N 是正极，L 是负极。也有 N 为负极，L 为正极的，例如小鸟牌电动车和绿源牌电动车。速派奇使用的插头与 T 形三孔形外形一样，只是 N 为正极，E 为负极。

三孔插头极性如图 4-97 所示。

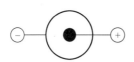
图4-96　圆孔形插头极性

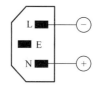
图4-97　三孔插头极性

> **知识链接**
>
> **充电器直流输出插头正负极的判断技巧**
>
> 　　将万用表置于DC 200V档，将充电器插上交流电，测量充电器的直流输出插头，如果万用表显示屏显示为-××V电压，则表示红表笔所接插头为负极，如图4-98所示。如果万用表显示屏显示为××V电压，则表示红表笔所接插头为正极，如图4-99所示。
>
>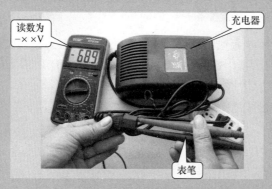
>
> 图4-98　万用表读数为-××V电压
>
>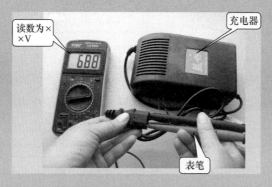
>
> 图4-99　万用表读数为××V电压

八、充电器的故障维修方法 ★★★

★ 1. 插上交流电后充电器指示灯均亮

维修过程如下：

1)将数字万用表置于 AC 750V 档,检查测量 AC 220V 插座有无电压,若无电压应维修恢复交流电源。

2)打开充电器外壳,将万用表置于蜂鸣器档,检查 AC 220V 电源输入线。如果断裂应更换新线。更换交流线时无正负极之分,两条线在 AC 220V 的 N 和 L 处任一位置焊接,如图 4-100 所示。

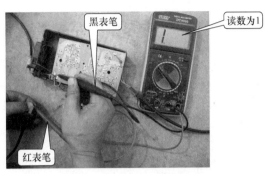

图 4-100 检查 AC 220V 电源输入线

3)用万用表蜂鸣器档检查充电器交流熔丝管,正常应为常通状态,否则说明熔丝管熔断,应更换同型号的熔丝管(36V 充电器交流熔丝管为 2A,48V 充电器交流熔丝管为 3A),如图 4-101 所示。

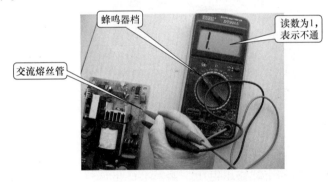

图 4-101 检查交流熔丝管

4)用万用表二极管档检查测量整流桥的四个二极管是否损坏,正常情况下二极管应为单向导通,不导通时万用表读数为 1,导通时万用表读数为 672mV 左右,如图 4-102 所示。

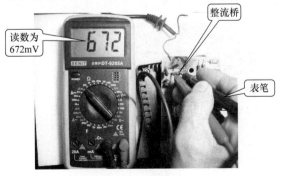

图 4-102 万用表读数为 672mV

5）检查充电器指示灯是否焊接不牢或损坏，若不牢应加焊或更换指示灯。

> **经验总结**
>
> 发光二极管好坏判断技巧
>
> 　　充电器上的指示灯，大多采用发光二极管，常见的有两种，一种是单管芯的，发单一颜色光，如红光、绿光、蓝光；另一种是双管芯的，一个管芯发单一种光，两个管芯同时亮时变为橙色光。
>
> 　　将数字万用表置于二极管档，红表笔接发光二极管正极，黑表笔接发光二极管负极，发光二极管应发光，否则为损坏。也可用3V纽扣电池进行检查，电池正极与发光二极管正极相接，电池负极与发光二极管负极相接，发光二极管应发光，否则说明发光二极管损坏。

★ 2．充电器刚插上充电时，指示灯为绿灯，充不进电

1）检查充电器直流插头与蓄电池插头是否插紧或损坏，如果没插紧应插紧，如果损坏应换新，更换时注意不要将正负极短路，也不要将正负极接错。检查蓄电池充电插座如图4-103所示。

图4-103　检查蓄电池充电插座

2）用万用表测量充电器的空载输出电压，如果不在正常范围内，说明充电器损坏，应更换同型号充电器。

3）用万用表蜂鸣器档检查蓄电盒上熔丝管是否熔断，如熔断应更换相同型号的熔丝管。

4）检查蓄电池连接线是否断路或腐蚀，若断路应重新进行焊接，如图4-104所示。

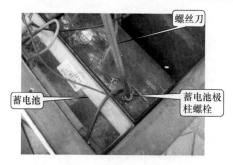

图4-104　检查蓄电池连接线

5)检查蓄电池组内某只蓄电池是否开路,分别用万用表测量每只蓄电池电压,用蓄电池容量表测容量,找出失效的蓄电池进行更换。如果不是单只的故障,就是整组蓄电池硫化严重,应更换整组蓄电池,如图 4-105 所示。

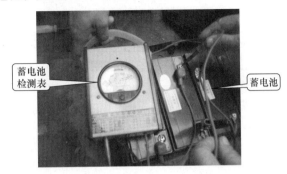

图 4-105　检测蓄电池

第五章

有刷电路货运三轮车结构与维修

本章导读：本章主要讲述采用有刷电路的货运电动三轮车的结构原理和故障维修。内容涉及有刷货运电动三轮车各电气部件原理、接线与故障检修。通过本章内容的学习和实践，读者可以掌握有刷电路电动三轮车维修技术。

★★★ 第一节　有刷控制器结构原理与接线方法 ★★★

一、有刷控制器结构原理 ★★★

有刷控制器内部电路结构简单，价格低，其主要和有刷电动机配套使用。货运三轮车用 500W 有刷控制器外形如图 5-1 所示。

有刷控制器原理框图如图 5-2 所示。

有刷控制器的工作原理如下：

1）内部稳压电源提供控制器内部 PWM 芯片及电子元器件的工作电压。PWM 芯片供电后工作，根据转把的输入电压，输出相应脉冲宽度的方波给 MOS 管驱动电路。

2）MOS 管驱动电路将 PWM 信号整形并提供给 MOS 管。MOS 管是大电流开关器件，其导通时间与关闭时间受 PWM 信号的控制。MOS 管驱动有刷电动机旋转。

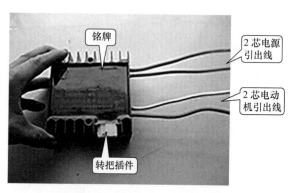

图 5-1　货运三轮车用有刷控制器外形

3）欠电压保护电路在蓄电池电压降低到控制器设定值以下时，停止 PWM 芯片信号的输出，以保护蓄电池不至于在低电压情况下放电。

4）限流保护电路是对控制器输出的最大电流进行限制，以保护蓄电池、控制器、电动机等不会出现允许范围以上的大电流。

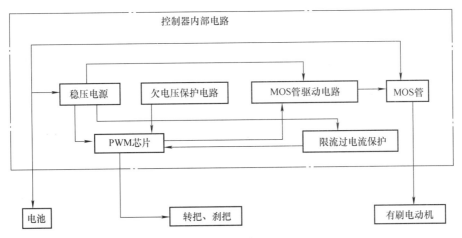

图 5-2 有刷控制器原理框图

相关知识

（1）MOS 管简介

MOS 管是金属氧化物半导体场效应晶体管的英文缩写，全称为 MOSFET，又称功率管。它是一种利用场效应原理工作的半导体器件，属于单极型电压控制器件。MOS 管也有三个极：栅极 G（对应双极型晶体管的 b 极）、漏极 D（对应双极型晶体管的 c 极）、源极 S（对应双极型晶体管的 e 极）。常见 MOS 管有 IRFS630A、IRFS634A、75N75 等。MOS 管外形如图 5-3 所示。

MOS 管损坏会造成有刷电动车飞车或电动机不转等故障。MOS 管的检测用万用表二极管档，测量 MOS 管各引脚之间的正反向电阻，如果为 0Ω 说明 MOS 管击穿损坏，应更换同型号新件。MOS 管检测方法如图 5-4 所示。

图 5-3 MOS 管外形

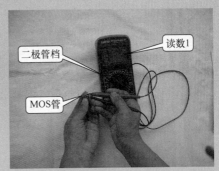

图 5-4 MOS 管检测方法

（2）PWM 简介

PWM 是 Pulse Width Modulation 的缩写，中文意思就是脉冲宽度调制，简称脉宽调制。它是利用微处理器的数字输出来对模拟电路进行控制的一种非常有效的技术，广泛应用于测量、通信、功率控制与变换等许多领域。

二、有刷控制器与外部器件的连接 ★★★

货运三轮车用有刷控制器与外部器件的连接线一般有 7 根引线，分别是红黑电源正负极引线 2 根、转把引线 3 根、电动机引线 2 根。货运三轮车用有刷控制器外部引出线如图 5-5 所示；48V 有刷控制器与外部器件连接如图 5-6 所示。

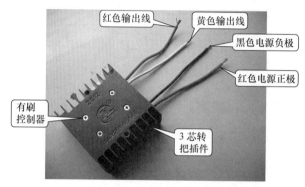

图 5-5　货运三轮车用有刷控制器外部引出线

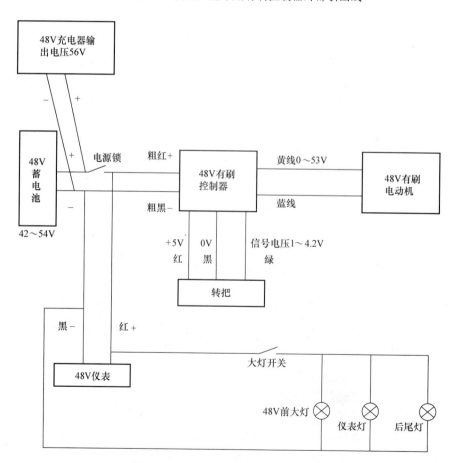

图 5-6　48V 有刷控制器与外部器件连接图

工作过程如下：

1）当用户打开电源锁后，仪表上得到供电，电源指示灯亮，显示蓄电池电量。同时控制器也得到供电。此时，电动机不转，但是控制器输出 5V 电压给转把内的霍尔元件供电。

2）当用户旋转转把时，转把信号线输出 1~4.2V 电压，此电压传递给控制器，控制器的电动机引线输出 0~40V 由低到高的直流电压给电动机线圈，电动机开始由慢到快旋转。

3）当用户手捏刹把时，控制器得到 5~0V（低电平刹车）的刹车信号电压，断开电动机供电，电动机停止运转，起到刹车断电作用。

三、有刷控制器的故障维修方法 ★★★

★ 1. 有刷控制器没有输出的维修方法

1）打开电源锁开关，观察仪表上的电源指示灯是否亮，如果不亮，检查蓄电池和电源锁；如果亮，拔掉刹车断电线（货用三轮车上叫行程开关），旋转转把试车，如果电动机旋转，说明刹车断电损坏，更换新件。

2）将万用表置于 DC 200V 档，测量控制器的供电线是否有蓄电池电压。如果没有电压，检查蓄电池、电源锁和控制器红色供电线上的接触器；如果有电压，说明控制器已经供电。测量有刷控制器的供电线电压如图 5-7 所示。

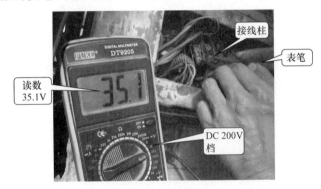

图 5-7　测量有刷控制器的供电线电压

3）测量控制器输出的转把供电线电压，应有 5V 输出（有的控制器是 12V），如果无 5V 电压，说明控制器损坏，应更换控制器。测量转把 5V 供电线电压如图 5-8 所示。

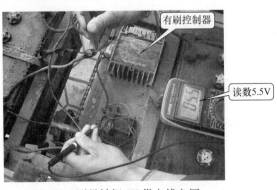

图 5-8　测量转把 5V 供电线电压

4）如果转把 5V 供电正常，转动转把，测量转把的信号线与地线之间应有 1~4.2V 电压变化，如果无电压变化说明转把损坏，应更换新转把。对于转把损坏造成的控制器无输出的故障，可用导线直接短接转把的电源线与信号线，如果电动机高速运转，说明转把损坏。测量转把信号线电压如图 5-9 所示。

5）如果测量转把输出电压正常，转动转把测量控制器与电动机的两条引线，应有 0~40V 电压变化（对 36V 电动车）。如无电压输出，说明控制器损坏，应更换同型号的控制器，如图 5-10 所示。

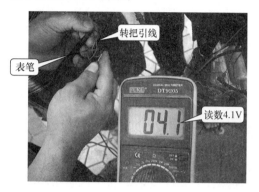

图 5-9　测量转把信号线电压

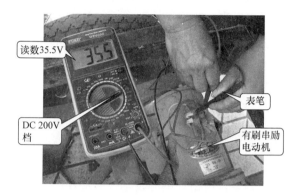

图 5-10　测量有刷控制器输出电压

★ 2. 有刷电动三轮车飞车（电动机高速转动）的维修方法

有刷电动三轮车飞车是经常发生的故障，主要原因有两个：一是转把部分电路有故障；二是控制器有故障。转把部分电路故障有转把损坏、转把负极线脱落、转把红色电源线与绿色信号线短路。

有刷电动三轮车飞车的检修流程如下：

1）拔下转把插件，如果不飞车了，说明是转把损坏造成飞车。如果拔下转把插件仍然飞车，还要检查转把负极线是否有脱落，转把电源线与信号线是否短路，有则排除。

2）排除转把故障后，如果还飞车，大多是控制器损坏，按照有刷控制器与外部电路接线方法，更换同型号控制器。

★★★ 第二节　有刷串励电动机结构原理与维修方法 ★★★

一、有刷串励电动机简介 ★★★

串励电动机因电枢绕组和励磁绕组串联在一起工作而得名。串励电动机属于交、直流两用电动机，它既可以使用交流电源工作，也可以使用直流电源工作。

货运电动三轮车由于载重量较大，一般采用有刷串励电动机。该电动机是由励磁绕组与电枢绕组串联构成，因此叫串励电动机，俗称柱式电动机。直流有刷串励电动机具有起动转矩大、过载能力强、调速范围广等优点，因而在货运电动三轮车中被广泛应用，也用于其他各种需要频繁起动和调速的场合。有刷串励电动机外形如图 5-11 所示。

有刷串励电动机一般安装在货运电动三轮车后轮部分，电动机上安装有链轮，链轮通过链条带动车轮转动。它在客/货运电动三轮车的安装位置如图5-12所示。

图5-11 有刷串励电动机外形

图5-12 有刷串励电动机在电动三轮车上的安装位置

货运电动三轮车用有刷串励电动机的工作电压有36V、48V、60V、72V，功率在800～1200W之间。

二、有刷串励电动机的结构 ★★★

直流电动机的构造分为两大部分：定子与转子。定子就是电动机静止不动的部分，由定子铁心、定子绕组和机座三部分组成，其主要作用是产生旋转磁场；转子是主要旋转部件，其主要作用是在旋转磁场中被磁力线切割进而产生（输出）电流。

电动三轮车用有刷串励电动机的结构组成包括电枢、主磁极、电刷、电刷架、换向极、机壳和齿轮总成等。电动三轮车用有刷串励电动机外形如图5-13所示；有刷串励电动机分解后如图5-14所示。

图5-13 电动三轮车用有刷串励电动机外形

图5-14 有刷串励电动机分解后

★ 1. 电枢

电枢是串励电动机的转子，它的作用是产生感应电动势，即通电后在磁场力的作用下产生转矩，驱动电动三轮车行驶。直流电动机的电枢是旋转的部分。电枢是由铁心、绕组、电枢轴和换向器等组成。电枢外形和结构如图5-15所示。

1）铁心。铁心呈圆柱状，是由多片相互绝缘的硅钢片叠压而成的，装在电枢轴上，表面冲有槽，槽中放有电枢绕组。

2）绕组。绕组采用截面积较大的漆包线按一定的参数制成。绕组要求在铁心间用绝缘纸隔开。绕组嵌在铁心槽内，并用槽楔固定。

3）换向器。换向器又叫整流子。换向器是直流电动机的一种特殊装置。换向器由楔形铜片组成，每两个相邻的换向片中间是绝缘片，电枢绕组各匝的首、尾焊在铜片上。在换向器的表面用弹簧压着固定的电刷，使转动的电枢绕组与外电路连接。

图 5-15　电枢外形和结构

4）电枢轴。电枢轴的作用是用来安装、固定铁心和换向器，并利用伸出的花键使电枢轴的转矩输出到电动机负载。

★ 2. 磁极

磁极是电动机中产生磁场的装置。它是由磁极铁心和励磁绕组两部分构成。常见的有 2 个磁极的电动机和 4 个磁极的电动机。

★ 3. 电刷和电刷架

电刷的作用是将外部电路的电流传递给电动机电枢绕组。电刷能通过较大的电流。电刷架的作用是放置电刷。电刷是由电刷主体、电刷弹簧和接线柱组成。电刷和电刷架外形如图 5-16 所示。

★ 4. 行星减速器

行星减速器是一种减速齿轮组件。它具有体积小、输出转矩大、传动效率高、性能安全可靠等特点，被广泛应用于伺服、步进、直流等传动系统中。其作用就是在保证精密传动的前提下，用来降低转速、增大转矩和降低电动机的转动惯量比。

行星减速器主要传动结构为 3 个行星轮、1 个电枢轴齿轮（太阳轮）、1 个内齿圈。在运行以前，应在行星减速器中注入适量的润滑油。

行星减速器外形如图 5-17 所示。

图 5-16　电刷和电刷架外形

图 5-17　行星减速器外形

三、有刷电动机的工作原理 ★★★

有刷串励电动机的工作原理是建立在直流电动机的基础上的。励磁绕组和电枢绕组串联在直流电源上。

下面以有刷电动机的模型图说明有刷电动机工作原理，如图5-18所示。

通电导线在磁场中运动将受到磁场力的作用。导线受力方向可由左手定则来判定：伸开左手大拇指与其余四指垂直，让手心垂直迎向磁力线，四指指向电流方向，那么大拇指所指的方向就是导线磁场中的受力方向。

有刷电动机的磁钢装在定子上，工作时磁钢和电刷不转，转子、线圈和换向器旋转。其中，固定部分有磁铁，这里称为主磁极；固定部分还有电刷。转动部分是线圈。

为了实现连续转动，必须使线圈到平衡位置时改变电流方向，因此就需要有换向器才行。换向器实际上是由多个彼此绝缘的铜半环换向片组成，换向片之间互相绝缘，由换向片构成的整体称为换向器。换向器随线圈一起转动，它的作用是每当线圈转过平衡位置时，就能自动改变线圈中电流的方向，使线圈沿同一方向持续转动下去。

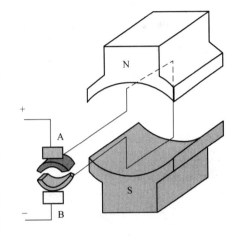

图5-18 有刷电动机的模型图

换向器固定在转轴上，换向片与转轴之间亦互相绝缘。在换向片上放置着一对固定不动的两个电刷，当电枢旋转时，电枢线圈通过换向片和电刷与外电路接通。

我们将线圈通电，通电导线周围会产生磁场，则两对磁极之间产生相互作用，从而使转子线圈转动，但当转至相吸位置时，转子则不能继续转动。

通过换向器反复切断转子电流和切换转子电流方向实现转子的连续旋转。当定子磁场与转子磁场接近相吸位置时，切断转子线圈电流使转子磁场消失，则转子线圈在惯性作用下继续旋转，然后通入反向电流，使转子线圈的磁场极性与前次相反，使转子线圈在磁场力的作用下继续旋转。

实际中的直流电动机转子上的绕组也不是由一个线圈构成，一个线圈在磁场中产生的转矩很小，而且转速不平稳，因此电枢绕组是由多个线圈连接而成，以减少电动机电磁转矩的波动，增大转矩，实现起动的目的。

电动三轮车用有刷电动机的电刷一般有2个或4个，换向器与线圈有很多组，这样电动机旋转时就更平稳、效率更高。

由于电刷和换向器的存在，有刷电动机有以下致命的弱点：结构复杂，可靠性差，故障多，需要维护，电刷寿命短。换向火花易形成电磁干扰。

直流电动机的工作原理归纳如下：外加的电源是直流的，但由于电刷和换向片的作用，在线圈中流过的电流是交流的，其产生的转矩的方向却是不变的。

四、有刷串励电动机与控制器连接 ★★★

有刷串励电动机有 4 个接线柱，2 个是定子绕组出线，2 个是转子出线。这 4 个接线柱，励磁线圈的两个接线柱离连接负载的出轴端比较近，另外两个就是电枢的接线柱。观察电动机接线柱旁边的标签，励磁线圈的标签是 D1、D2，电枢出线的接线柱是 A1、A2。

有刷控制器有 4 根引出线和 3 根转把插件线，其中粗红线和粗黑线是控制器的电源正、负极线；另一根粗红色线与电动机 A2 相接；还余一根控制器黄绿双色线与倒顺开关相接；由倒顺开关分成 3 根蓝、绿、黄红线分别与串励电动机的 A1、D1、D2 相接。有刷串励电动机与控制器、倒顺开关的连接如图 5-19 所示。

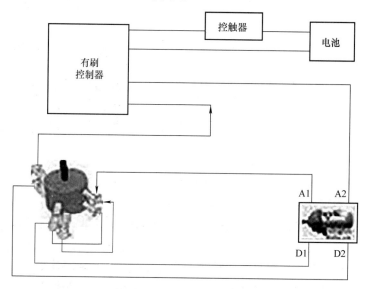

图 5-19　有刷串励电动机与控制器、倒顺开关的连接

货运电动三轮车通过倒顺开关改变转子线圈和定子励磁线圈的串联极性，实现前进和后退。倒顺开关外形如图 5-20 所示。

图 5-20　倒顺开关外形

五、有刷串励电动机的故障维修方法 ★★★

★ 1. 电刷和刷架的维修方法

（1）故障现象

1）电动机不能零起动。

2）电动机乏力，转速低，带载能力差。

3）电动机转转停停，时转时不转。

（2）判断方法

1）检修前首先询问用户在一年内是否更换过电刷，并对电刷是否损坏进行准确判断。

2）对于电动机不转的故障，如果电动三轮车侧身时电动机会转，扶正时不转，说明电刷有故障。

3）对于电动机不转的故障，可用木棒或皮锤轻轻敲击电动机，如果电动机转转停停，说明电刷有故障。

4）对于电动机不转的故障，可测量控制器的输出引线电压，如果电压与蓄电池电压基本一致，电动机不转，说明电刷有故障，如图5-21所示。

5）对于电动机不转的故障，可用万用表的蜂鸣器档，测量电动机的两根引线，应为相通状态，否则说明电动机有故障，如图5-22所示。

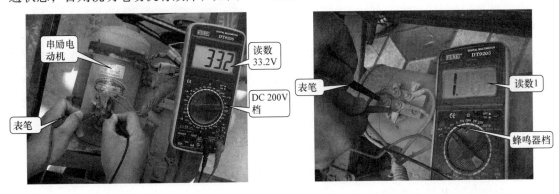

图5-21 测量控制器的输出引线电压　　图5-22 测量电动机的两根引线

（3）维修方法

1）从车上卸下电动机，打开电动机左侧端盖，抽出电动机定子，检查电刷磨损程度及电刷架是否损坏。检查电刷磨损情况如图5-23所示。

2）将旧电刷取下，然后将新电刷穿好弹簧放入电刷架内，用电铬铁焊接好小铜片上的连接片，并用螺钉固定好。如果电刷架损坏也要同时更换。同时检查电动机轴承、换向器，如果损坏应一同更换，如图5-24所示。

图5-23 检查电刷磨损情况

3）更换好电刷后，用毛刷对电动机内的碳粉进行清理，如图5-25所示。

图5-24　更换电刷

图5-25　用毛刷对碳粉进行清理

4）对电动机定子进行安装，安装前要将电刷引线先扎起，使电刷缩进电刷架孔内，待定子安装好后，将引线松开，最后将左端盖复原，图5-26所示。

★ 2. 电动机扫膛的维修方法

（1）故障现象

定子和转子有个空气隙，一般掌握在0.2～1.6mm之间，空气隙是越小越好。电动机扫膛就是电动机定子与转子相碰。电动机扫膛后，会造成电动机发热并发出怪声。

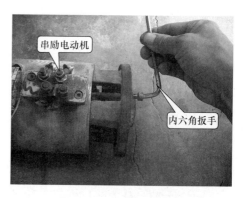

图5-26　将左端盖复原

（2）电动机扫膛的原因

1）轴承磨损或破裂；

2）轴承走内圆或走外圆；

3）电动机轴弯曲；

4）电动机加工公差太大；

5）电动机装配质量差。

（3）避免电动机扫膛的措施和维修方法

1）选购高质量电动机。

2）选用高质量的轴承，按规定定期检查、加注、更换润滑油脂，如果轴承损坏，应更换新轴承。

3）电动机轴变形，校正转轴，如果不行要更换新轴。

★ 3. 电动机空载电流大的维修方法

（1）故障现象

电动机空载电流大一般表现为蓄电池放电过快，电动三轮车续驶里程缩短，并伴有电动机发热现象。

(2) 判断方法

将万用表置于直流 20A 档，将红、黑表笔串联接在控制器的电源输入端。打开电源，在电动机不转动的情况下，记录此时万用表的最大电流值 I_1。转动转把，使电动机高速空载转动 10s 以上。等电动机转速稳定以后，开始观察并记录此时万用表的最大值 I_2。电动机的空载电流 = $I_2 - I_1$。计算的数值与表 5-1 进行对照，一般电动机的空载电流不应超过 2A。如果电动机的空载电流大于表 5-1 中极限数据时，说明电动机出现故障，需打开电动机进行检修。

表 5-1 各种电动机的无故障最大极限空载电流 （单位：A）

电动机形式	额定电压 24V	额定电压 36V	额定电压 48V
有刷有齿电动机	1.7	1.0	0.6
有刷无齿电动机	1.0	0.6	0.4
无刷有齿电动机	1.7	1.0	0.6
无刷无齿电动机	1.0	0.6	0.4
侧挂电动机	2.2	1.8	1.4

(3) 故障原因

1) 电动机内部机械摩擦大、电动机扫膛；
2) 轴承损坏；
3) 电刷磨损、电刷架损坏；
4) 磁钢脱落、损坏；
5) 换向器短路、损坏；
6) 线圈局部短路。

(4) 检修方法

对于电动机空载电流大的故障，要查出原因，采取相应的方法进行检修。

★ 4. 轴承的维修方法

(1) 故障现象

轴承损坏会造成电动机有噪声，严重时会造成定子扫膛、电动机壳体发热等现象。

(2) 判断方法

首先从电动三轮车上卸下电动机，打开电动机端盖，将左手指插入轴承内径，用右手转动端盖，检查轴承是否损坏。

(3) 维修方法

1) 如果轴承在电动机轴上，需用拉力器取下旧轴承。如果轴承在电动机端盖上，把端盖放在木板下，将螺丝刀对准轴承内径，用锤子击打螺丝刀，可将轴承取下。用拉力器取下旧轴承如图 5-27 所示。

2) 把同型号新轴承放在端盖上轴承位置，用木槌柄击打轴承，使轴承到位。不论轴承从轴上

图 5-27 用拉力器取下旧轴承

取下或是从端盖上取下,都要把轴承安装在端盖上。

★ 5. 齿轮的维修方法

1. 故障现象

串励电动机齿轮损坏时电动机会出现噪声、电动机不转、电动机转速低等故障现象。

2. 维修方法

1)首先使用内六角扳手取下齿轮端盖的固定螺栓,打开齿轮端盖,如图5-28所示。

2)用卡簧钳取下损坏齿轮轴上的卡簧,如图5-29所示,然后取下旧齿轮。

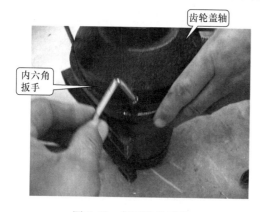

图5-28 打开齿轮端盖

图5-29 取下齿轮轴上的卡簧

3)将同型号的新齿轮安装到位,重新将卡簧安装好,如图5-30所示。

图5-30 安装好新齿轮

4)最后将电动机齿轮端盖复原,并用内六角扳手将螺栓固定好。

★★★ 第三节 硅整流充电机结构原理与维修方法 ★★★

一、硅整流充电机简介 ★★★

现在市场上货运电动三轮车大多使用12V/120~180Ah大容量铅酸蓄电池,这种蓄电池对充电电流要求一般在10A以上,而一般开关电源式充电器在制造时难以形成如此大的电流,退一步说,即使实现10A以上的大电流,故障率也较大,所以生产厂家制作了硅整流充电机。

第五章 有刷电路货运三轮车结构与维修

硅整流充电机采用降压变压器降压后，使用整流桥进行整流得到蓄电池充电的直流电，对蓄电池进行充电，基本电路都较简单。它的优点是输出电流大、故障率低、蓄电池充满电后自停、不易损坏蓄电池等。

硅整流充电机体积大，质量重，变压整流效率低，不易做到精确的电压、电流控制，又笨重、低效。另外，对蓄电池保护功能较差，没有按蓄电池的充电曲线进行充电，因而可能会影响蓄电池的使用寿命。

硅整流充电机外形如图 5-31 所示。

二、硅整流充电机结构原理 ★★★

硅整流充电机内部结构如图 5-32 所示；硅整流充电机原理图如图 5-33 所示。

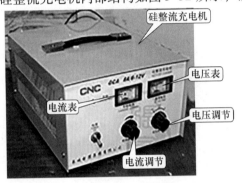

图 5-31 硅整流充电机外形　　图 5-32 硅整流充电机内部结构

图 5-33 硅整流充电机原理图

交流电 220V 经电源插头通过熔断器 FU1 进入工频变压器 T 的 4、1 脚一次绕组，变压为与被充蓄电池对应的交流电压，经整流桥 UR 整流后产生蓄电池充电所需的直流电压，通过熔断器 FU2 为蓄电池充电。

由于硅整流充电机直接整流市电为蓄电池充电，电流可到 30A，电压 12V~80V 可调，在未彻底切断市电前，千万不要触摸蓄电池，使用这类充电机的客户特别要注意安全。

相关知识

★ 1. 环形变压器

变压器是变换交流电压、电流和阻抗的器件，当一次绕组中通过交流电流时，铁心（或磁心）中便产生交流磁通，使二次绕组中感应出电压（或电流）。变压器由铁心（或磁心）和绕组组成，一般有两个或两个以上的绕组，其中接电源的绕组叫一次绕组，其余的绕组叫二次绕组。硅整流充电机大多使用环形降压变压器。环形降压变压器外形如图 5-34 所示。

★ 2. 整流二极管

整流二极管是二极管的一种，它的作用是将交流电转变为直流电。整流二极管通常包含一个 PN 结，有正极和负极两个端子。整流二极管一般为平面型硅二极管，用于各种电源整流电路中。整流二极管外形如图 5-35 所示。在硅整流充电机中通常将 4 个二极管做成集成电路，整流桥集成电路外形如图 5-36 所示。

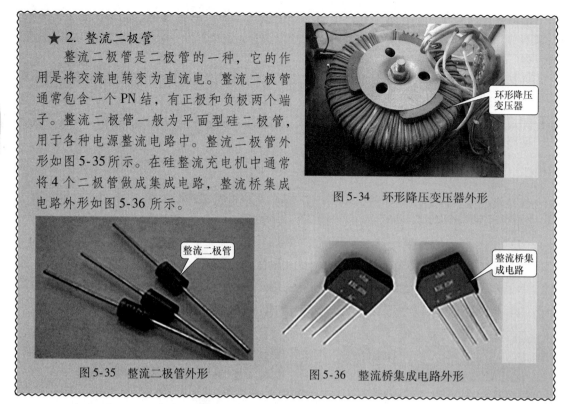

图 5-34 环形降压变压器外形

图 5-35 整流二极管外形

图 5-36 整流桥集成电路外形

三、硅整流充电机的故障维修方法 ★★★

1）检查充电机输入电源插头与市电有没有连接好，可将充电器输入插头插至正常的电源插座中再试一下。

2）打开充电机外壳，观察充电机内部和环形变压器是否烧坏。

3）使用万用表蜂鸣器档，测量充电机的交流熔丝管是否熔断，如图 5-37 所示。

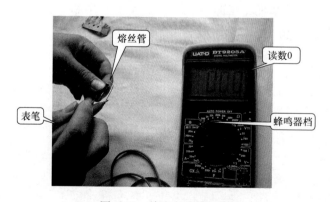

图 5-37 检查交流熔丝管

4）如果熔丝管没有熔断，将充电机外壳打开，用万用表蜂鸣器档检测交流电源输入线是否良好，如图 5-38 所示。

第五章 有刷电路货运三轮车结构与维修

5)如果交流电源输入线良好,用万用表蜂鸣器档测量电压、电流调节开关是否损坏,如图 5-39 所示。

图 5-38 检测交流电源输入线

6)如果电压、电流调节开关没有损坏,用万能表二极管档检测整流桥是否击穿短路,如果损坏应更换新件,如图 5-40 所示。

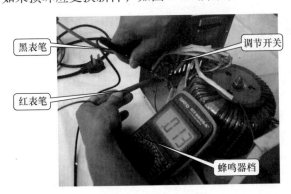

图 5-39 检测电流调节开关

图 5-40 检测整流桥

第六章 铅酸蓄电池结构与维修

本章导读：本章主要讲述电动三轮车用铅酸蓄电池的结构原理和故障维修方法。内容涉及铅酸蓄电池结构原理、串联接线方法，重点讲解铅酸蓄电池常见故障和维修方法。通过本章内容的学习和实践，读者可以掌握铅酸蓄电池结构原理和故障维修方法。

第一节　蓄电池结构原理

一、蓄电池简介

铅酸蓄电池俗称电瓶，简称蓄电池。可充电的反复循环使用的电池叫蓄电池，也叫二次蓄电池。它是一种电化学直流电源，是通过正负极之间的化学反应将化学能转为电能的装置。放电时，它将化学能转换为电能，供用电设备使用。充电时它又将电能存储起来，供下一次放电使用，每使用一次（放电）再经过充电，又能恢复到原来的状态，周而复始，循环数百次，因此人们公认它是一种结构简单、使用方便、性能可靠的化学电源。

重要说明

由于货运三轮车载重量大，行驶里程长，所以大多安装配置了大容量蓄电池。本章主要讲述大容量蓄电池的维修方法。

20Ah 蓄电池外形如图 6-1 所示。

二、蓄电池规格型号

我国蓄电池型号一般以汉语拼音字母来表示和区别，并有各种数字，它分别表示蓄电池的结构、性能、单体蓄电池数和蓄电池额定容量。

蓄电池规格型号如图 6-2 所示；规格型号在蓄电池外壳上的具体表示如图 6-3 所示。

图 6-1　20Ah 蓄电池外形

第六章 铅酸蓄电池结构与维修

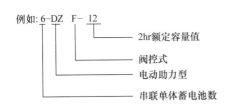

图 6-2 蓄电池规格型号

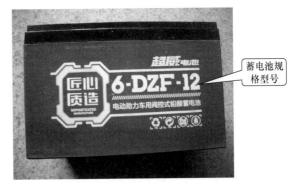

图 6-3 规格型号在蓄电池外壳上的具体表示

大容量蓄电池的产品规格型号见表 6-1。

表 6-1 大容量蓄电池产品规格型号

序号	型号	额定电压/V	额定容量/Ah	外形尺寸/mm				参考重量/kg
				长	宽	高	总高	
1	6-DZM-20	12	20	181	77	170	176	7.05
2	6-EVF-40	12	30	220	95	160	175	10.5
3	6-EVF-50	12	35	220	105	160	170	11.5
4	6-EVF-60	12	40	223	120	160	175	13.75
5	6-EVF-70	12	50	224	140	160	175	15.6
6	6-EVF-80(干)	12	55	224	157	160	175	17
7	6-EVF-100(干)	12	80	260	168	209	212	25
8	6-EVF-110(干)	12	90	305	168	209	214	30
9	6-EVF-120(干)	12	100	330	171	217	210	35
10	6-EVF-150(干)	12	120	410	170	240	243	41.5
11	4-EVF-150(干)	8	150	260	180	280	280	35
12	3-EVF-200(干)	6	200	260	180	270	273	35

三、蓄电池性能指标 ★★★

★ 1. 蓄电池额定电压

国家标准规定蓄电池每格电压值为 2.1V，市场上的电动三轮车蓄电池每只 12V。每只 12V 蓄电池则由 6 个蓄电池单格串联而成。大部分电动三轮车用的蓄电池为 36V 和 48V，36V 由 3 只 12V 蓄电池再串联形成蓄电池组；48V 由 4 只 12V 蓄电池再串联形成蓄电池组。

蓄电池组工作电压是指蓄电池组实际输出电能时的电压值，36V 蓄电池组工作电压一般在 41～31.5V 之间，低于 31.5V 时称为过放电或欠电压；48V 蓄电池组工作电压一般在 55～42V 之间，低于 42V 时称为过放电或欠电压，这容易损坏蓄电池组，影响蓄电池使用寿命。

★ 2. 蓄电池容量

1）蓄电池额定容量：是按国家标准规定的蓄电池容量，单位用 Ah（安时）来表示，蓄电池容量以放电电流（A）和能放电的时间（h）的乘积安培小时（Ah）表示。它反映了蓄电池存储电量的大小；数值越大，则存储的电量就越多。

2）蓄电池的实际容量：反映蓄电池中实际存储的电量的大小，单位用 Ah（安时）表示。同样，安时值越大，则蓄电池容量就越大，电动三轮车的续驶里程就越长。在使用过程中，蓄电池的实际容量会逐步衰减。国家标准规定新出厂的蓄电池实际容量大于额定容量值为合格蓄电池。例如，电动三轮车用容量为 10Ah 蓄电池就是以 5A 电流可放电 2h；电动三轮车用容量为 14Ah 蓄电池就是以 7A 电流可放电 2h；电动三轮车用容量为 17Ah 蓄电池就是以 8.5A 电流可放电 2h；电动三轮车用容量为 20Ah 蓄电池就是以 10A 电流可放电 2h。

★ 3. 放电循环寿命

放电循环寿命指的是蓄电池进行充电、放电直到蓄电池容量减少到额定容量 70% 时的循环次数，充足电后再放电到一定的深度为一次循环。蓄电池充放电循环次数越多，则寿命越长。电动三轮车蓄电池循环寿命不少于 350 次，低于 350 次循环为不合格蓄电池。

四、蓄电池的结构组成 ★★★

蓄电池由正负极板、电解液、隔板、蓄电池外壳及零部件（极头、安全阀、吸水棉）组成。蓄电池内部结构组成如图 6-4 所示。

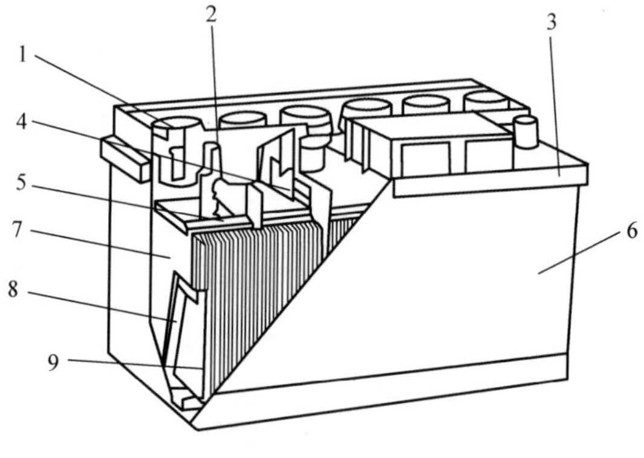

★ 1. 极板

正、负极板是直接参加化学反应的部分，它在硫酸电解液中进行氧化还原反应，可以把电能存储起来，当外部系统需要时又可以把化学能转化为电能释放出来。板栅一般由铅锑合金、铅钙合金组成。极板是蓄电池的核心部件，其质量优劣决定了蓄电池的质量。目前电动三轮车蓄电池绝大多数采用涂膏式正、负极板。极群中极板的数量各厂家不等。

图 6-4 蓄电池内部结构组成
1—排气栓 2—负极柱 3—电池盖 4—穿壁连接
5—汇流条 6—整体槽 7—负极板 8—隔板 9—正极板

正极板是由极栅和活性物质组成的。正极板主要成分为二氧化铅（PbO_2），其含量在 85% 以上，颜色为棕色、棕褐色、红褐色。

负极板同样是由极栅和活性物质组成的。负极板活性物质为海绵状金属铅，其含量在 90% 以上，颜色为灰色、浅灰色、深灰色。

蓄电池的极板外形如图 6-5 所示。

★ 2. 隔板

隔板放在蓄电池正负极之间起隔离作用，防止正、负极板短路。隔板由允许离子穿过的电绝缘材

图 6-5 蓄电池的极板外形

料构成。通常有 PE 隔板、橡胶、塑料、复合玻璃纤维隔板等。隔板自身具有较高的孔率，孔率占隔板体积的 50%～80%。隔板具有耐酸和耐氧化性强等特点。电动三轮车用蓄电池以超细玻璃纤维隔板为主。隔板外形如图 6-6 所示。

★ **3. 电解液**

电解液是蓄电池中必不可少的活性物质之一。电解液是含有移动离子导电作用的液相或固相物质。它的作用是在化学能转化为电能的电化学反应中，电离成离子，起导电作用并参与电化学反应。

蓄电池使用的电解液有两种：一种是原液，电解液密度为 1.28g/L，适用于新蓄电池使用；另一种是补充液，电解液密度为 1.03g/L，适用于旧蓄电池使用。电解液如图 6-7 所示。

图 6-6 隔板外形

图 6-7 电解液

按照 HG/T 2692—2015 标准，电解液要求有一定的比例和纯度。电解液是由去离子水（蒸馏水）、硫酸和一些添加剂配制的。由于硫酸有很强的腐蚀性，用户不要自己配制电解液。如需配制应特别注意安全和操作流程，配制时应把硫酸倒入蒸馏水中，并缓慢搅拌。注意，千万不可将蒸馏水倒入硫酸中，这样会产生爆炸，非常危险。另外，绝不可用井水、自来水、河水等含有对蓄电池有害矿物质的水配制电解液。

★ **4. 蓄电池外壳和上盖**

蓄电池外壳是容纳电极和电解液的容器，它是由硬胶或各种塑料制成的。它具备耐酸绝缘、强度高等特点。蓄电池外壳的大小以蓄电池设计的容量而定，一般情况下，蓄电池外壳体积大，容量大；体积小、容量小。目前电动三轮车蓄电池外壳原料以 ABS 工程塑料为主。蓄电池上盖的作用是方便组装和拆卸。蓄电池外壳外形如图 6-8 所示。

图 6-8 蓄电池外壳外形

★ **5. 零部件**

零部件有安全阀、正负极头等。

安全阀称之为"蓄电池的保护伞"，安全阀结构类型较多，主要有帽式、伞式、螺旋式等几种。大容量蓄电池使用螺旋式安全阀较多，其外形如图 6-9 所示。

正负极的作用是方便用户连接蓄电池组，由于蓄电池是直流电源，按国家规定须标明正负极,一般用红色或"+"表示正极,黑色、蓝色或"-"表示负极。正负极如图6-10所示。

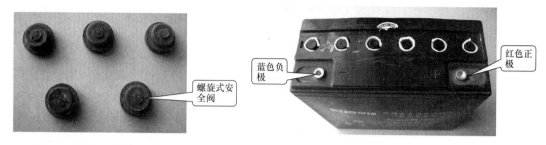

图6-9 螺旋式安全阀外形　　　　　　　　图6-10 正负极

五、蓄电池的工作原理 ★★★

蓄电池的工作过程就是充放电的化学反应过程。蓄电池的基本原理概括如下:
1) 正极产生氧气通过隔板穿透到负极,在负极表面发生氧化反应,生成氧化铅。
2) 氧化铅与硫酸反应生成硫酸铅。
3) 硫酸铅通过充电又转化成铅。

蓄电池的工作原理如图6-11所示。

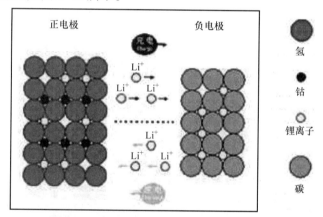

图6-11 蓄电池的工作原理

★ 1. 充电

蓄电池从其他直流电源获得电能的过程称为充电。在充电时,正、负极板上的硫酸铅会被分解还原成硫酸、铅和氧化铅,同时在负极板上产生氢气,正极板产生氧气。电解液中酸的浓度逐渐增加,蓄电池两端的电压上升。当正、负极板上的硫酸铅都被还原成原来的活性物质时,充电就结束了。充电时,正、负极板上生成的氧和氢会在蓄电池内部"氧合"成水回到电解液中。

蓄电池充电的化学反应过程如下:

(正极)(电解液)(负极)　　　(正极)　　(电解液)　　　(负极)
$PbSO_4 + 2H_2O + PbSO_4 \rightarrow PbO_2 + 2H_2SO_4 + Pb$(充电反应)
(硫酸铅)(水)(硫酸铅)

★ 2. 放电

蓄电池对外电路输出电能的过程称为放电。

蓄电池连接外部电路放电时，硫酸会与正、负极板上的活性物质产生反应，生成化合物"硫酸铅"，放电时间越长，硫酸浓度越稀薄，蓄电池里的"液体"越少，蓄电池两端的电压就越低。

蓄电池放电的化学反应过程如下：

（正极）（电解液）（负极）　（正极）（电解液）　（负极）
$PbO_2 + 2H_2SO_4 + Pb \rightarrow PbSO_4 + 2H_2O + PbSO_4$（放电反应）
（过氧化铅）（硫酸）（海绵状铅）

从以上化学反应方程式中可以看出，蓄电池在充电过程中，正负极硫酸铅在外界充电电流的作用下会还原成二氧化铅和金属铅，蓄电池处于充足电的状态。蓄电池在放电过程中，正极的活性物质二氧化铅和负极的活性物质金属铅与硫酸电解液反应生成硫酸铅，在电化学上把这种反应称为"双硫酸盐化反应"。在蓄电池放电结束时，正、负极活性物质转化成的硫酸铅是一种结构疏松的结晶物，活性非常高。正是这种可逆的电化学反应，使蓄电池实现了存储电能和释放电能的功能。

★★★ 第二节　蓄电池的检测、安装和保养 ★★★

一、蓄电池的检测方法 ★★★

★ 1. 蓄电池外观检测

1) 蓄电池外观正常，无鼓包、变形、裂纹、破损等机械损伤。
2) 蓄电池表面干净，无电解液渗漏。
3) 蓄电池正负极标志清晰，极性正确，红正、黑（或蓝）负。端子正常无断裂、无锈蚀。

★ 2. 测量蓄电池开路电压

将万用表置于 DC 20V 档，测量单只 12V 蓄电池开路电压在 10.5~13V 之间，整组蓄电池中的单只蓄电池的开路电压差不得大于 0.05V，否则说明蓄电池有故障。测量单只 12V 蓄电池开路电压如图 6-12 所示。

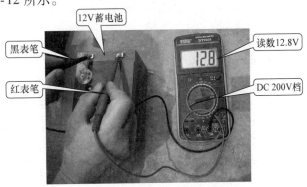

图 6-12　测量单只 12V 蓄电池开路电压

★ 3. 蓄电池容量表检测

用蓄电池容量表检测蓄电池的带载情况，如果指针低于红色刻度（10.5V），说明蓄电池有故障。蓄电池容量检测如图6-13所示。

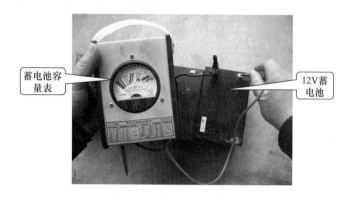

图6-13　蓄电池容量检测

★ 4. 蓄电池放电检测

将蓄电池用充电器充电至转绿灯后，用LY-5型蓄电池检测放电仪按标准电流进行放电检测，对照2h率放电电压和容量对照表，判断蓄电池的容量，蓄电池组中单只蓄电池的放电时间不大于5min。新蓄电池应符合国家标准，放电时间在120min以上。

2h率放电电压和容量对照表如表6-2所示。LY-5型蓄电池检测放电仪放电如图6-14所示。

表6-2　2h率放电电压和容量对照

容量	100%	90%	80%	70%	60%	50%	40%	30%	20%	10%	0%
电压/V	12.66	12.60	12.52	12.43	12.30	12.13	11.94	11.74	11.43	11.18	10.50

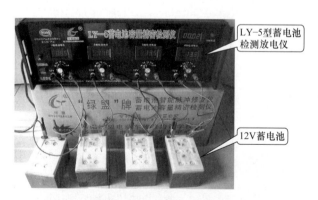

图6-14　LY-5型蓄电池检测放电仪放电

★ 5. 测量电解液的密度

对充满电的蓄电池，用密度计测量电解液的密度，应在1.28g/cm^3左右，越高越好。测量电解液的密度如图6-15所示。

第六章 铅酸蓄电池结构与维修

图 6-15 测量电解液密度

二、蓄电池的串联安装方法 ★★★

电动车常用12V单只蓄电池串联成蓄电池组,如果用4只12V单只蓄电池串联就是48V蓄电池组;如果用5只12V单只蓄电池串联就是60V蓄电池组,如果用6只12V单只蓄电池串联就是72V蓄电池组。

下面以48V蓄电池组为例说明蓄电池的串联和安装方法。

48V蓄电池组的串联方法如图6-16所示。

蓄电池安装步骤如下:

1)将新蓄电池按原蓄电池安装方式摆放在蓄电池盒中。

2)用螺丝刀将蓄电池连线固定,按一只蓄电池的正极与另一只蓄电池的负极相连的方法,将所有蓄电池连在一起,最后将蓄电池组的一正一负两根引线接在蓄电池插座上,注意正负极引线与原始的保持一样,否则会造成控制器损坏。

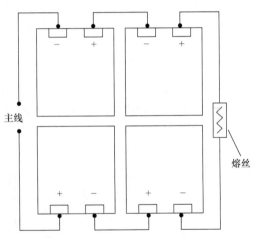

图 6-16 48V蓄电池组的串联方法

3)蓄电池组连接好后,用万用表DC 200V档测量蓄电插座上的电压和正负极性是否正确。

> **注意事项**
>
> 1)蓄电池连接好后,重点检查充电插座与充电器正负极是否对应;蓄电池盒插座与整车上插头(控制器电源线)正负极是否对应。如不对应要进行调线。
>
> 2)蓄电池拆装时防止蓄电池正负相碰造成短路事故。
>
> 3)蓄电池盒上一般都安装有熔丝管,更换蓄电池时应检查熔丝管是否损坏,如果损坏,应按原型号更换。36V蓄电池组蓄电池盒熔丝管为20A;48V蓄电池组蓄电池盒熔丝管为30A。

三、蓄电池的使用和保养技巧 ★★★

正确使用和保养蓄电池，可以延长它的使用寿命，下面对蓄电池正确使用和保养进行介绍。

★ 1. 蓄电池的正确使用

1）安装前应检查蓄电池是否破损，并用干布清洁蓄电池表面，如发现蓄电池外壳破裂，应立即更换蓄电池，以免造成腐蚀。

2）蓄电池应正立安装，不得倒置，相邻蓄电池之间间距大于2mm，同时要防振、防压，安装牢固，使用中不得窜动撞击、相互摩擦，不能进水。

3）为保证安全使用，安装蓄电池的蓄电池盒必须留有气孔，且不得堵塞，防止蓄电池产生的气体聚集在蓄电池盒内。

4）各蓄电池串联连接，极性应正确，避免正负极接反，并保证连接点接触良好，不得产生火花。

5）安装和拆卸蓄电池箱时，应先关闭电源开关。电源锁、熔断器等容易产生电火花的器件必须与蓄电池隔离。

6）蓄电池荷电出厂，通常用户可直接装车使用，如搁置时间较长（超过2个月），使用前应补充充电，将充电器插上蓄电池盒后再接上220V的交流电，充电器转绿灯后继续充电1~2h，就可停止充电。

7）随车使用的充电器应与蓄电池组相匹配，符合充电器参数要求，否则将有损蓄电池性能。

8）不同型号、不同品牌、新旧不一的蓄电池不能混用。

9）蓄电池不可靠近火源、热源，炎热季节严禁在阳光下直接暴晒，应避免蓄电池剧烈振动、碰撞。安装蓄电池时，避免金属工具和连线搭在正负极上造成蓄电池短路，产生火灾和损伤蓄电池。

10）蓄电池容量以环境温度25°为标准，温度每下降1℃，则蓄电池容量下降约1%，在使用中应考虑环境温度的影响因素。

11）蓄电池应尽量避免在-10℃以下的低温环境下使用。

12）蓄电池是消耗品，经过一段时间的充放电循环使用后，蓄电池容量会逐渐下降，造成电动三轮车续驶里程降低，属于正常现象，但在保用期内蓄电池容量降至标准值60%以下时，则视为蓄电池失效，超过保用期之后蓄电池容量降至标准值60%以下，为正常损耗。

13）蓄电池内的电解质有强腐蚀性，切勿溅到皮肤或衣物上，如溅到皮肤、眼中须立即用大量清水冲洗，严重时须送医院治疗。

★ 2. 蓄电池保养

蓄电池的保养可以归纳总结为"五怕"。

1）怕亏电存放。电动三轮车如长期不用，则需对蓄电池充足电后再进行搁置，并且每隔一个月对蓄电池进行补充充电，严禁在亏电状态下长期搁置存放。

2）怕过充电。蓄电池连续充电时间一般不要超过10h，如果长时间充电充电器仍不转换变灯或出现蓄电池发烫现象，应立即停止充电，严禁在充电器不转换变灯的情况下继续充电。

3）怕过放电。电动三轮车在运行时，最好在蓄电池使用了80%左右的电量后进行充电，不要在蓄电池电量用尽后再充电，蓄电池电量一旦用尽后，应关闭电源，不要使用蓄电池（回升电压）来强制行驶，以防止因过放电而缩短蓄电池寿命。（36V电动三轮车最低蓄电池保护电压为31.5V，48V电动三轮车最低蓄电池保护电压为42V）。

4）怕大电流充电。蓄电池充电电流应按照要求的充电电流进行，严禁对蓄电池进行大电流充电。

5）怕大电流放电。如果电动机有故障，用户强制骑行，会造成大电流放电，这样会损坏蓄电池。

第三节 蓄电池的常见故障和维修

一、蓄电池变形鼓包 ★★★

1. 故障现象

蓄电池在使用一年后，由于蓄电池容量自然衰减，电动三轮车的续驶里程会自然下降，有个别用户有个错误的概念，认为蓄电池充电时间越长，蓄电池的储电量就越大，所以就人为地故意对蓄电池过充电，这样就容易使蓄电池变形鼓包。蓄电池正常充电时一般在充电器转绿灯后再浮充1~2h即可拔下充电器，停止充电，如果此时蓄电池缺水严重再加上用户长时间充电，就会使蓄电池产生"热失控"现象，当蓄电池温度达到80℃以上，即发生变形鼓包。

蓄电池变形鼓包如图6-17所示。

2. 故障原因

1）充电器有故障，造成蓄电池变形充鼓。

2）某些蓄电池出现极板不可逆转硫酸盐化，内阻增大，导致充电发热变形。

3）用户使用时，长时间（充电时间超过10h）过充电，造成蓄电池变形充鼓。

4）蓄电池内部缺水，造成蓄电池变形充鼓。

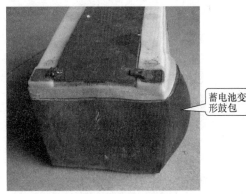

图6-17 蓄电池变形鼓包

3. 故障维修方法

1）蓄电池在使用过程中应防止过充电和过放电的发生，做到足电存放；严格检查充电器，不得有严重过充现象。

2）在高温下充电，必须保证蓄电池散热良好。应采取降温措施或减短充电时间的方法，否则应停止充电。

3）保证不漏液的前提下尽可能多加液，以延长或避免"热失控"的发生。

4）充电器有故障的，应维修或更换新充电器。

二、蓄电池内部失水，充电时发热 ★★★

★ 1. 故障现象

用户反映，蓄电池充电时发热。

★ 2. 故障原因

由于充电器电压偏高，蓄电池极板硫化，导致充电后期发生电解水反应（产生 H_2 和 O_2），蓄电池内部压力增大，H_2 和 O_2 泄漏，造成水分丢失。当水分丢失过多时，蓄电池内部发生热失控，蓄电池就会鼓包，如果发生极板断裂产生火花，点燃 H_2 和 O_2 就会爆炸。

★ 3. 故障维修方法

对于充电发热的蓄电池，首先排除充电器的故障，如果充电器正常，那么发热的原因是蓄电池缺水，对蓄电池进行加水处理，如图6-18所示。加水应加入密度为 $1.03g/cm^3$ 的补充液，加到覆盖极板即可。个别蓄电池加水后，有的蓄电池会迅速失效，造成这种现象的原因并非是加水所致，恰恰是因为没有及时加水或加水工艺不合理所致。

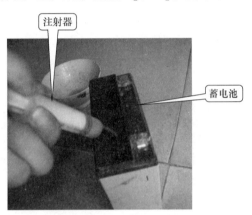

图6-18　为蓄电池加水

三、蓄电池自放电严重 ★★★

★ 1. 故障现象

用户反映，刚充满电的电动三轮车，隔夜后电量下降很多，蓄电池的自放电严重。

★ 2. 故障原因

蓄电池在不使用的情况下，电量下降的现象称为自放电。

任何出厂已充满电的蓄电池都具是有一定活性的。因此，它的存储和工作都是有一定期限的。无论在何种条件下，这种类型的蓄电池都会产生自放电现象。存放的温度越高，自放电的程度就会越高。一般情况下，每天消耗本身电量的1%~2%是正常的，如超过此数值，为不正常放电。如果一个充足电的蓄电池，存放 1 个月，电能容量大约损失一半，即有故障。

主要有以下原因：

1）隔板破裂，造成局部短路。

2）极板活性物质脱落，使极板短路造成放电。

3）极板材料或电解液中有杂质，使蓄电池放电。

4）蓄电池盖上有电解液或水，使正负极形成通路而放电。

5）蓄电池长期存放，电解液中硫酸下沉，使上部密度小，下部密度大，引起自放电。

★ 3. 故障维修方法

1）为确保蓄电池不会过度放电，以致完全损坏（硫酸盐化），应定期对蓄电池电压进行检查，一般每月检查一次蓄电池的电压，蓄电池电压下降至12.4V或更低就必须充电。

2）检查蓄电池正负连接线是否可靠，有无短路和连接不可靠等，有则排除之。

3）蓄电池修复时加强保养，保持蓄电池上盖清洁。

4)保证电解液有较高的纯度,在配制电解液添加蒸馏水时,应严防杂质进入。
5)蓄电池在存放过程中应经常充电,使电解液密度保持均匀,并使液面不致下降。
6)冲洗蓄电池外表时应预防污水从加液口盖或通气孔处进入蓄电池内部。
7)隔板、极板损坏时应及时修复或更换。
8)更换电解液时,一定要将蓄电池内的残液清除干净。

四、蓄电池内部短路 ★★★

★ 1. 故障现象

蓄电池的短路是指蓄电池内部正负极群相连。通常有以下特征:

1)大电流放电时,端电压迅速下降到零。
2)充电末期冒气少或无气泡。
3)充电时电解液温度上升快,密度上升慢,甚至不上升。
4)开路电压低,闭路电压(放电)很快达到终止电压。
5)蓄电池自放电严重。
6)电解液密度很低,在低温环境中电解液会出现结冰现象。
7)充电时,电压上升很慢,始终保持低值(有时降为零)。
8)充电时,电解液温度上升很慢或几乎无变化。

★ 2. 原因分析

1)焊接熔化物落入蓄电池内部。焊接极群时"铅流"未除尽,或装配时有"铅豆"在正负极板间存在,在充放电过程中损坏隔板造成正负极板相连。
2)隔板窜位使正负极板相连。
3)严重硫化造成的晶枝搭桥短路。
4)正极板活性物质膨胀脱落,因脱落的活性物质沉积过多,致使正、负极下部边缘或侧面边缘与沉积物相互接触而造成正负极板相连,这种蓄电池表现为电解液发黑。
5)导电物体落入蓄电池内。

★ 3. 故障维修方法

如果蓄电池出现短路,属于物理损坏,不能用修复仪修复,需打开蓄电池上盖,用万用表测量每个单格,找出短路部分,对短路部分进行处理,方可排除故障。如果不具备维修条件和技术,一般需更换新蓄电池。

五、蓄电池电解液发黑 ★★★

★ 1. 故障现象

蓄电池修复时,修复充电 4~5h 后,开始产生气泡,发现蓄电池电解液发黑。

★ 2. 故障原因

蓄电池阳极软化,活性物质膨胀脱落,使电解液发黑。

★ 3. 故障维修方法

如果电解液轻度发黑,可在蓄电池修复时把发黑的电解液吸出,加入新的电解液。如电解液发黑严重,表明蓄电池正极板脱粉严重,极板已经软化,蓄电池修好的可能不大,应报废处理。

六、蓄电池极板硫化 ★★★

★ 1. 故障现象

如果蓄电池放电过长时间，其内部就会发生称为"硫酸盐化"的化学反应，它会永久性削弱甚至损坏蓄电池。硫酸盐化现象发生时，在蓄电池的极板上可以看到一种白灰色的薄膜，这就是硫酸盐化，简称"硫化"。蓄电池硫酸盐化后，在负极板上产生一层导电不良、白色坚硬的硫酸铅结晶，充电时又非常难以转化为活性物质的硫酸铅，这种现象通常发生在负极，也称为不可逆硫酸盐化。硫化的蓄电池最明显的外在特征是蓄电池容量下降，内阻增加，表现为充电时间短，很快就将电放完。蓄电池极板硫化如图 6-19 所示。

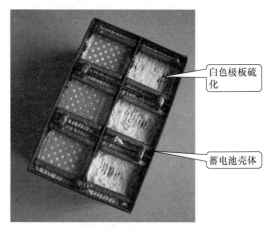

图 6-19 蓄电池极板硫化

蓄电池极板硫化故障特征如下：
1）蓄电池容量降低，表现为充电时间减短又很快把电放完。
2）电解液密度低于正常值。
3）开始充电和充电完毕时蓄电池端电压过高。
4）充电时过早发生气泡或开始充电就发生气泡。
5）充电时电解液温度上升较快。

★ 2. 故障原因

在正常的充电和放电循环中，来自极板的活性物质不断活动，进行电化学反应，从而产生电流。蓄电池每进行一次充、放电循环，其极板上的活性物质都有少量的损失。决定蓄电池最终使用寿命的因素很多，因此，不可能规定蓄电池的最短或最长的使用寿命。充、放电所引起的正常蓄电池损耗是渐进的，最终会使蓄电池失效。

过度充、放电循环会造成硫化。蓄电池的每一次充、放电循环都会失去少量的活性物质。如果蓄电池过度放电（超过40%），然后快速充电，这种损耗的过程就会加速。此外，如果充电不充分，蓄电池的性能减弱也会很快体现出来。当这种现象发生时，甚至充电之后，电压仍会低于 12.4 V，这种情况下容易出现硫酸盐化。

蓄电池极板硫化的原因归纳如下：
1）新蓄电池初始充电不足。
2）已放电或半放电状态放置时间过久，自放电率高。
3）蓄电池长期充电不足，长时间处于欠电状态。
4）蓄电池经常过量放电。
5）蓄电池电解液干涸，致使极板上部露出。
6）蓄电池放电后未对其进行及时充电或放电电流过大。
7）电解液不纯或加入的电解液密度过高。

★ 3. 故障维修方法

蓄电池发生不可逆硫酸盐化时，应及时查找故障原因，尽快采取有效措施进行排除。目前国际上通用的方法是用蓄电池脉冲修复仪进行修复除硫。

第七章

铅酸蓄电池脉冲修复原理和方法

本章导读：本章主要讲述铅酸蓄电池修复所用的工具和仪器以及修复方法和技巧，通过本章的学习和实践，读者可以掌握铅酸蓄电池的修复方法和技巧，对从事蓄电池修复行业大有帮助。本章重点内容是铅酸蓄电池的脉冲修复技术。

★★★ 第一节　蓄电池脉冲修复基本原理 ★★★

一、蓄电池报废的主要原因——硫酸盐化 ★★★

经常骑电动三轮车的人都知道，过充电、欠充电和过放电对每个用户来说都是经常现象，也是不可避免的，这些都会导致蓄电池缺水而产生硫化。从事维修和经销电动车的业内人士也都知道，电动车跑不远的原因是因为蓄电池组不平衡，也就是说，三块蓄电池中至少应该有两块是好的，另一块可能就是坏的。但是两块好的蓄电池也存在放电时间过短的问题，也就是说存在硫化现象。如果我们不修复，报废的就是三块蓄电池；如果我们修复，至少可以重新修好两块蓄电池进行再利用。有些极板软化、断格的蓄电池也是因为长期的硫化而导致的，如果能够及时修复，是可以避免的。事实证明蓄电池损坏的原因90%是蓄电池硫化造成的，另外蓄电池在使用一年后有95%均有不同程度的缺水。

二、蓄电池硫酸盐化产生原因和保养方法 ★★★

★1. 蓄电池硫酸盐化故障现象

蓄电池硫酸盐化，简称蓄电池硫化。它是指蓄电池负极板上产生一层导电不良、白色坚硬的硫酸铅结晶，充电时又非常难以转化为活性物质的硫酸铅，硫化的蓄电池最明显的特征是蓄电池容量下降，内阻增加。

★2. 蓄电池硫化发生的原因

蓄电池使用一年以后会发生硫酸盐化，这是因为蓄电池的自身化学特性和它的原材料所造成的，当然也有用户使用不当的原因。正常的蓄电池在放电后，正负极板上的活性物质，大都变为松软的硫酸铅小结晶体，均匀地分布在极板中。在充电时容易恢复成原来的二氧化铅和海绵状铅，这是一种正常的互逆过程。随着使用时间的延长，蓄电池经过多次充、放电，极板上的铅的溶解、重结晶作用下，生成一种粗大、难以接受充电的硫酸铅结晶。

此外，由于蓄电池使用不当，长期充电不足或蓄电池处于半放电状态，过量放电或放电后不及时充电，导致电解液密度过高，液面低使极板外露等都可能导致硫酸盐化。当用户过放电或放电后长期放置时，硫酸铅微粒在电解液中溶解，呈饱和状态，这些硫酸铅在温度低时重新结晶，而在结晶硫酸铅时析出。这样在一度析出的粒子上一次又一次地因温度变动而生长、发展，使结晶粒增大。这种硫酸铅的导电性不良、电阻大，溶解度和溶解速度又很小，充电时恢复困难。因而成为蓄电池容量降低和寿命缩短的原因。这种硫酸铅结晶的现象称为不可逆硫酸盐化。产生硫酸盐化的蓄电池在充电时成为不可逆的硫酸铅，不易还原，使极板中参加电化学反应的活性物质减少，因此容量大幅度降低，甚至失效报废。

★ 3. 蓄电池硫化的危害和保养方法

1）它的形成消耗了活性物质，使电池的有效容量降低，长期下去将导致蓄电池报废。

2）不仅它本身在充电时难以恢复，而且会阻塞多孔电极的空隙，妨碍电解液通过，增加内阻。

3）充放电时发热更多，蓄电池温度升高，会加大极板的腐蚀与变形，使活性物质脱落，导致蓄电池报废。

4）使充电器效率下降，充电时间延长，造成时间及能源的浪费。

5）导致更严重的电解水缺少现象，蓄电池容易失水干涸。

6）由于消耗了硫酸，导致电解液密度下降，大电流放电能力下降，蓄电池性能下降。

7）由于容量下降，输出效率不足，为保持一定的输出就只能加大放电深度，会造成硫酸盐化更加严重，形成恶性循环。

8）硫酸盐化使蓄电池组中的蓄电池性能不一致，存在差异过大的性能差的蓄电池，表现为蓄电池组中某一块蓄电池的容量明显低于其他蓄电池，造成整个蓄电池组电压下降，充电时性能差的蓄电池因最先充满，而其余蓄电池仍需充电而形成过充电，放电时该性能差的蓄电池因最先被放空而形成过放电。从而导致硫酸盐化进一步加剧，使得性能更差，形成恶性循环。

9）轻微的蓄电池硫化，会降低蓄电池的容量，使蓄电池内阻增加，严重时则蓄电池失效，充不进电。轻微的蓄电池硫化，尚可用一些方法使它恢复，严重时采用一般的方法也不能够恢复蓄电池容量。

10）硫化的蓄电池最明显的外在特征是电池容量下降，内阻增加。当然，如果蓄电池失水和正极板软化也具有这个外在特征。鉴别蓄电池是否硫化的方法，往往是采用脉冲修复仪对蓄电池进行脉冲修复，如果蓄电池容量上升，就是硫化，如果没有一点容量上升，蓄电池容量下降可能是由其他原因产生。

11）防止发生不可逆硫酸盐化最简单的方法是，经常使蓄电池处于满电状态，在电动三轮车骑行后及时充电，不要过放电，严禁大电流放电。

三、蓄电池修复技术简介 ★★★

自从1859年普兰特发明铅酸蓄电池，距今已有一百多年的历史，经过科研人员坚持不懈的努力，蓄电池性能不断提高。蓄电池以性能优良、价格低廉牢牢占据二次电池的大半壁江山。它是世界上产量最大、使用范围最广的一种化学电源。蓄电池的致命弱点是寿命短，易硫化。虽然蓄电池的设计寿命是 3~5 年，但因其自身的化学特性和原材料致使其寿命一般在 1~2 年，给使用者造成不必要的经济损失，同时增加了资源的浪费和环境污染。

修复蓄电池硫化是一件比较困难和复杂的工作。自从蓄电池诞生以来，科研工作者和蓄电池生产厂家技术人员对蓄电池硫化问题进行了不懈的努力和探索，创造了不少的行之有效的修复方法，以延长蓄电池的使用寿命，目前蓄电池修复技术经历反复改进，技术越来越完善成熟。

随着蓄电池修复技术的不断发展，一种新型的去硫技术——高频复合脉冲蓄电池修复法的诞生，可以有效、迅速地解决这一世界性的难题。此法是通过电子设备连续发出电子脉冲波，清除极板上的硫酸铅结晶物，并有效防止新的硫化结晶物的产生。不过，修复的瞬间脉冲电流应达到一定峰值，否则，修复效果会受到一定影响。

目前，蓄电池修复行业，普遍采用电子高频复合脉冲对蓄电池进行修复去除硫化，以达到延长蓄电池使用寿命的目的。此法称为第五代修复法，也是通过物理的方法修复硫化。

另外，对蓄电池的维修，还有一种开盖维修法，就对出现短路、断路报废的蓄电池，找出故障原因，对故障的极板进行更换、焊接。不过此法需要专业维修设备，设备售价高，一般个体维修人员由于条件所限无法办到，商业维修价值不大，并且短路、断路的蓄电池在实践中也不多见。所以此法不适宜一般维修店操作。

四、蓄电池脉冲修复理论依据和科学原理 ★★★

脉冲就是瞬间突然变化，作用时间极短的电压或电流。它可以是周期性重复的，也可以是非周期性的或单次的。脉冲指电子电路中的电平状态突变，既可以是突然升高（脉冲的上升沿），也可以是突然降低（脉冲的下降沿）。一般脉冲在电平突变后，又会在很短的时间内恢复原来的电平状态。脉冲的幅度和大小可以通过示波器测量。

1970 年美国人马斯在汽车展会上提出了著名的"马斯三定律"，成为蓄电池脉冲充电的基础，人们称之为"马斯充电曲线"。目前，世界公认脉冲充电间隙短暂放电，可以去极化，增强极板接受能力，并且可以降低充电温度。可见蓄电池脉冲修复技术已得到世界公认。马斯充电曲线如图 7-1 所示。

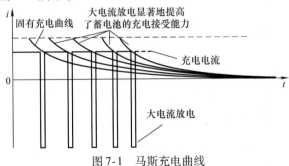

图 7-1 马斯充电曲线

已故澳大利亚 ABT 电源公司驻上海的技术人员赵铁良先生对脉冲修复的原理进行过系统的论述。按照原子物理学和固体物理学的原理，硫离子具有 5 个不同的能级状态，通常处于亚稳定能级状态的离子趋向于迁落到最稳定的共价键能级而存在。在最低能级（即共价键能级状态），硫以包含8个原子的环形分子形式存在，这8个原子的环形分子形式是一种稳定的组合，难以被打破，形成蓄电池的不可逆硫酸盐化——硫化。

多次发生这样的情况，就形成了一层类似与绝缘层一样的硫酸铅结晶。要打破这些硫酸盐层的束缚，就要提升原子的能级到一定的程度。这时在外层原子加带的电子被激活到下一个更高的能带，使原子之间解除束缚。每一个特定的能级都有唯一的谐振频率，必须提供给一些能量，才能够使得被激活的分子迁移到更高的能级状态，太低的能量无法达到跃迁所需要的能量要求。但是，过高的能量会使已经脱离了束缚而跃迁的原子处于不稳定状态，又回落到原来的能级。这样，必须通过多次谐振使得其中一次脱离了束缚，达到最活跃的能级状态而又没有回落到原来的能级，进而转化为溶解于电解液的自由离子，而参与电化学反应，从而恢复了蓄电池的容量。

要达到这种功效，通过大电流高电压充电的方法可以实现；通过谐振也可以实现，这就是脉冲谐振的方法。

从固体物理上来讲，任何绝缘层在足够高的电压下都可以击穿。一旦绝缘层被击穿，粗大的硫酸铅就会呈现导电状态。如果对高电阻率的绝缘施加瞬间的高电压，也可以击穿大的硫酸铅结晶。如果这个高电压足够短，而且进行限流，在击穿绝缘层的条件下，充电电流不大，也不至于形成大量析气。

蓄电池析气量和充电电流及充电时间有关，如果脉冲宽度足够短，占空比足够大，就可以在保证击穿粗大硫酸铅结晶的条件下，同时发生的微充电来不及形成析气。这样，实现了脉冲消除硫化。所以，实现脉冲消除硫化和抑制蓄电池硫化的方法是采用脉冲修复仪来修复处理。

蓄电池脉冲修复仪是采用电子脉冲技术，对因极板上产生硫酸铅结晶盐化而过早失效的蓄电池进行快速修复和日常维护保养的高科技产品。它是用物理和电子的方法连续地清除蓄电池极板上的结晶硫化物，并有效地防止新的结晶硫化物产生。使蓄电池极板始终呈全新和高效工作状态，恢复和保证蓄电池稳定的容量输出，提高蓄电池的工作效率，从根本上改善蓄电池的工作性能，极大延长蓄电池寿命，节约资金和能源。这种修复方式需要的能源很少，成本极低。

蓄电池脉冲修复仪技术关键在于合理地设置电子脉冲技术参数，换句话说就是脉冲的幅度和大小，使得该修复仪产生的脉冲能够有效地清除蓄电池极板上的结晶硫化物，并且能够有效地阻止结晶硫化物在蓄电池极板上生成，从而使蓄电池极板始终保持足够的活性物质参与电化学反应，呈高效工作状态。

目前在蓄电池修复行业中，世界公认的修复效果较好的是采用正负脉冲波的蓄电池修复技术，它具有修复时发热少和去除极板内部、深层各处的硫化现象效果好等特点，其他的修复方法在科学上还找不到理论基础。

★★★ 第二节　蓄电池修复所用工具和仪器 ★★★

一、小号一字形螺丝刀 ★★★

小号一字形螺丝刀的作用是撬开蓄电池上盖。小号一字形螺丝刀外形如图7-2所示。

二、注射器或吸管 ★★★

注射器或吸管的作用是加入电解液，使用时要取下铁针头。注射器外形如图7-3所示。

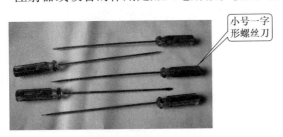

图7-2　小号一字形螺丝刀外形

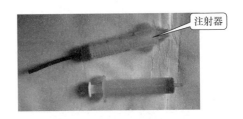

图7-3　注射器外形

三、PVC胶水 ★★★

PVC胶水的作用是蓄电池修复后对上盖进行胶粘封口。PVC胶水外形如图7-4所示。

四、密度计 ★★★

密度计的作用是测量大容量蓄电池电解液的密度。密度计外形如图7-5所示。

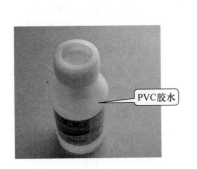

图7-4　PVC胶水外形

图7-5　密度计外形

五、蓄电池补充电解液 ★★★

蓄电池补充电解液的作用是修复时对蓄电池进行补水。蓄电池补充电解液如图7-6所示。

六、"绿盟"牌蓄电池高效修复剂 ★★★

蓄电池高效修复剂的作用是对大容量蓄电池修复时加入的添加剂，例如修复汽车或三轮车蓄电池时所使用。蓄电池高效修复剂如图7-7所示。

★ 1. 产品概述

该产品是经科技攻关研制成功的新一代蓄电池修复专用高效修复剂，适用于铅酸蓄电池、胶体蓄电池的修复与保养。对蓄电池的早衰（充不进电、容量下降、冬天行驶里程下降）具有恢复容量功能，可有效延长蓄电池使用寿命。当发现蓄电池容量下降时，及时使用该产品效果更好。

图 7-6　补充电解液

图 7-7　蓄电池高效修复剂

★ 2. 适用范围

摩托车用蓄电池、电动车用蓄电池、电动摩托车用蓄电池、汽车蓄电池、UPS（不间断电源）用蓄电池均可以使用。

★ 3. 使用方法

使用蓄电池检测表检查蓄电池是否有物理损坏、严重脱粉、极板断格、穿孔，尽可能地把蓄电池合理配组，电压、容量接近的配成一组，低的和低的一组，高的和高的一组。如果蓄电池电压过低，应在加入蓄电池修复剂前充电 1h。打开蓄电池上盖加入蓄电池修复剂，加入修复剂前应摇匀使用，每小孔加入 5mL，胶体蓄电池和大容量蓄电池加入 5~7mL，添加修复剂后马上放电，把电压放到 0V（注意：零放电指将蓄电池放电到 3~5V 即可，并且只能进行一次）。缺水严重的蓄电池再加入 5~10mL 补充电解液（酸度不要超过 1.03g/L）或蒸馏水，加到能看到液体为宜。然后使用蓄电池修复仪修复 12~17h 即可。

★ 4. 注意事项

1）该产品使用时，先加入修复剂，如果不满，再加入补充电解液，然后再进行零放电。零放电只能进行一次。

2）蓄电池极板断格、穿孔、漏液、变形等物理损坏使用本产品无效。

七、"绿盟"牌 LY-6 五合一蓄电池智能脉冲修复仪 ★★★

下面以洛阳市绿盟电动车维修培训学校研制的"绿盟"牌 LY 系列蓄电池脉冲修复仪为例进行说明，各种机型所修复的蓄电池的容量大小和数量多少不等，用户可以根据自己的情况选用。

★ 1. 产品概述

该修复仪智能控制产生的脉冲波，可以同时对 3 组 48V/10~24Ah 蓄电池共 12 只同时进行修复，并且可对 12V 两只蓄电池进行放电检测。只需 1~2 天时间（具体时间取决于蓄电池容量和硫化程度），便可清除蓄电池极板硫化物，修复率可达 85% 以上。

LY-6 五合一蓄电池智能脉冲修复仪是多功能综合充、放电机型，可修复电动三轮车蓄电池，其外形如图 7-8 所示。

第七章　铅酸蓄电池脉冲修复原理和方法

图7-8　LY-6五合一蓄电池智能脉冲修复仪外形

★ 2. 技术参数

1）交流输入 220（1±10%）V、50Hz。

2）整机工作效率≥85%。

3）蓄电池修复：可对3组48V/10~24Ah蓄电池同时进行修复。

4）放电检测：可对两只12V蓄电池进行放电检测，放电电流5A、7A、8.5A、10A四档可调。

5）冷却方式：对流风冷结构。

6）外形尺寸：580mm×400mm×200mm。

7）机箱交流熔丝管：220V/5A。

8）左起1、2、3路防反接熔丝管5A。

9）输入、输出双回路熔丝管。

10）数码显示充电时间，稳定性好，显示清晰，精度高。

★ 3. 适用范围

主要适用于电动车、摩托车、UPS电源等蓄电池修复。可修复报废、寿命接近终止的蓄电池，清除不可逆硫酸盐化，延长蓄电池使用寿命，恢复蓄电池的容量，提高蓄电池的工作效率。

★ 4. 主要工作原理

蓄电池修复仪采用高复合高频电子扫频脉冲，不间断地发出特定频率、特定波形的脉冲波，用以清除极板上的硫化物结晶，并防止新的硫化物结晶产生。微充电电流用以补偿蓄电池自放电损耗。电脉冲波能够使硫酸结晶体化为细小晶体，使其能够正常地参与充放电的电化学反应，彻底地解决了蓄电池的不可逆硫酸盐化问题。

八、"绿盟"牌LY-7蓄电池智能脉冲修复仪 ★★★

★ 1. 产品概述

该修复仪是多功能综合充、放电机型，可修复电动自行车、电动三轮车和汽车蓄电池。

该机智能控制产生的脉冲波，可以同时对48V/10~24Ah两组蓄电池进行修复，也同时可对48V、100Ah一组进行修复，并且可对两只12V蓄电池进行放电检测。只需1~2天时间（具体时间取决于蓄电池容量和硫化程度），便可清除蓄电池极板硫化物，修复率可达90%以上。该产品可用于无损修复、清除不可逆硫酸盐化、延长电池寿命。LY-7蓄电池智能脉冲修复仪外形如图7-9所示。

图7-9　LY-7蓄电池智能脉冲修复仪外形

★2. 技术参数

1）交流输入：220(1±10%)V、50Hz。

2）整机工作效率≥90%。

3）放电检测：可对两只12V蓄电池进行放电检测，放电电流5A、7A、8.5A、10A任意设定。

4）修复充电：左起1路可修复48V/10~24Ah蓄电池一组，修复电流约3A。左起2路可修复48V/10~80Ah蓄电池一组，一个开关开时修复电流约3A，两个开关开时修复电流约6A。左起3路可修复48V/100Ah左右蓄电池，修复电流约10A。

5）冷却方式：对流风冷结构。

6）外形尺寸：580mm×400mm×200mm。

7）机箱交流熔丝管：10A。

8）1路48V直流防反接熔丝管为5A；2路直流防反接熔丝管为10A；3路直流防反接熔丝管为15A。

9）输入、输出双回路熔丝管。

10）数码显示充电时间，稳定性好，显示清晰，精度高。

★3. 适用范围

主要应用于汽车、三轮车、电动车中10~120Ah容量的蓄电池。

九、"绿盟"牌LY-8蓄电池检测修复组合柜 ★★★

★1. 产品概述

该机是小型多功能充、放电机柜，可修复电动三轮车蓄电池。

该修复仪智能控制产生的正负脉冲波，可以同时对4组48V/24Ah以下蓄电池进行修复。只需1~2天时间，便可清除电池极板硫化物，修复率可达95%以上；同时可对4只12V蓄电池进行精密恒流放电检测。

LY-8蓄电池检测修复组合柜外形如图7-10所示。

★2. 技术参数

1）交流输入220(1±10%)V、50Hz。

2）整机工作效率≥95%。

第七章 铅酸蓄电池脉冲修复原理和方法

图 7-10 LY-8 蓄电池检测修复组合柜外形

3）第一层放电检测：可对 4 只 12V 蓄电池进行精密恒流放电检测，放电电流 5A、7A、8.5A、10A 可调。

4）第二层蓄电池修复：可对 48V/24Ah 以下蓄电池进行修复；修复电流约 3A。修复时间可定时设置，到时自停。

5）冷却方式：直通风冷结构。

6）外形尺寸：1200mm×350mm×900mm。

7）交流熔丝管：220V/5A。

8）输入、输出双熔丝管。直流防反接保护熔丝管，第 1、2、3、4 路均为 5A。

9）充电时间自行设定，显示清晰，精度高，到时自停。

★ 3. 适用范围

主要适用于修复电动三轮车、电动摩托车 10~24Ah 容量的蓄电池，用以对报废、寿命接近终止的蓄电池进行修复，清除不可逆硫酸盐化，延长蓄电池寿命，提高蓄电池的工作效率。

十、"绿盟"牌 LY-9 蓄电池检测修复组合柜 ★★★

★ 1. 概述

该机是中型多功能综合充、放电机柜，可修复电动自行车、电动三轮车和汽车蓄电池。"绿盟"牌 LY-9 蓄电池检测修复组合柜外形如图 7-11 所示。

该修复仪智能控制产生的正负脉冲波，可以同时对 6 组蓄电池进行修复。只需 1~2 天时间（具体时间取决于蓄电池容量和硫化程度），便可清除蓄电池极板硫化物，修复率可达 95% 以上，同时可对 6 只 12V 蓄电池进行精密恒流放电检测。

蓄电池检测修复组合柜是专为蓄电池维护、维修店，电动车经销商，蓄电池经销商，售

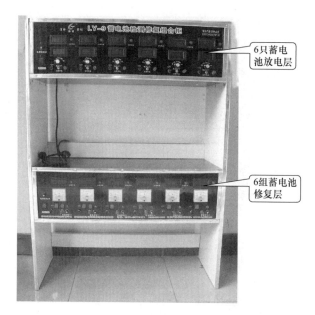

图 7-11 "绿盟"牌 LY-9 蓄电池检测修复组合柜外形

后服务使用而生产的一款综合中型检测修复系统。该机功能完善先进,真正地从蓄电池的维修原理着手,从根本上延长了蓄电池的使用寿命,是蓄电池维修行业的理想配套设备。

★ 2. 技术参数

1) 交流输入 220(1±10%)V、50Hz。
2) 整机工作效率≥95%。
3) 第一层放电检测:可对 6 只 12V 蓄电池进行精密恒流放电检测,放电电流 5A、7A、8.5A、10A 可调。
4) 第二层蓄电池修复:可对 6 组 12~200Ah 以下蓄电池修复,修复时间按蓄电池容量和修复电流定时设置,到时自停。
5) 冷却方式:直通风冷结构。
6) 外形尺寸:1200mm×350mm×900mm。
7) 交流熔丝管:220V/10A。
8) 直流防反接保护熔丝管,第 1 路为 10A,第 2、3、4 路为 5A,第 6 路为 15A。
9) 输入、输出双回路熔丝管。
10) 数码显示充电时间,自行定时,到时自停。

★ 3. 适用范围

主要适用于修复电动自行车、电动三轮车、电动摩托车 48V/10~100Ah 的蓄电池,用以对容量降低、寿命接近终止的蓄电池进行修复,清除不可逆硫酸盐化,延长蓄电池寿命,提高蓄电池的工作效率。

十一、"绿盟"牌 LY-10 蓄电池检测修复组合系统 ★★★

★ 1. 概述

该机是大型多功能综合充、放电机柜,可修复电动自行车、电动三轮车和汽车蓄电池。

LY－10 蓄电池检测修复组合系统外形如图 7-12 所示。

图 7-12　LY－10 蓄电池检测修复组合系统外形

★ 2. 技术参数
1）交流输入 220(1±10%)V，50Hz。
2）整机工作效率≥95%。
3）外形尺寸：1200mm×350mm×1900mm。
4）冷却方式：多通道对流风冷结构。
5）数码显示：时间、电压。稳定性好，显示清晰，精度高。
6）输入、输出双回路熔丝管。

★ 3. 适用范围
蓄电池检测修复组合系统是专为蓄电池生产厂家和蓄电池维护、维修店而生产的一款综合大型修复机。该机修复、放电检测精确度高，修复效果好，功能完善先进，真正地从蓄电池的维修原理着手，从根本上延长了蓄电池的使用寿命，是蓄电池维修行业的理想配套设备。

★ 4. 性能指标
(1) A 型、B 型检测系统
第 1 层可对 12 只 12V 蓄电池放电检测，放电电流 5A、7A、8.5A、10A 恒流任意设定，10.5V 报警，关闭报警开关仍可继续深放电。
(2) A 型：修复系统
第 2 层可对 6 组 12~200Ah 蓄电池进行修复。
(3) B 型：修复系统
第 2 层可对 6 组 12~200Ah 蓄电池进行修复。大蓄电池修复前必须加入适量修复剂，然后进行修复。

十二、"绿盟"牌 LY－5 蓄电池容量精密测试仪 ★★★

★ 1. 产品概述
该仪器采用精密电子电路，可同时对 4 只 12V 蓄电池进行 5A、7A、8.5A/10A 恒流放电检测，精确度高，安全可靠，使用方便。例如，用户对新出厂 12V/10A 蓄电池进行 5A 检测，正常可放电 120min，用户可以此对比判断蓄电池容量。LY-5 蓄电池容量精密测试仪外形如图 7-13 所示。

图 7-13　LY-5 蓄电池容量精密测试仪外形

★ 2. 技术参数

1）输入电压：AC 220V、50Hz。
2）检测蓄电池电压：12V。
3）检测蓄电池容量：10~24Ah。
4）放电电流设定：5A、7A、8.5A、10A。
5）电压显示：00.00~99.99V。
6）电压显示精度：±0.1V。
7）放电截止电压：10.5V(±0.1)V。
8）外形尺寸：570mm×400mm×200mm。
9）机箱交流熔丝管：220V/3A。

★ 3. 使用说明

1）接通 220V 交流电源，打开电源开关。红色"电源指示灯"点亮，这时四路数字电压表同时点亮，分别显示"00.00"。

2）把仪器附件中所带的输出连接线一端与仪器输出端子接好，红线（正极）接仪器上红色端子，蓝（黑）线（负极）接仪器上黑色端子（注意正负极不可接反）。另一端与需要检测的单只 12V 蓄电池连接好，红线接蓄电池的正极，蓝（黑）线接蓄电池的负极。

> **注意事项**
>
> 所检测蓄电池电压必须与机器额定电压一样，并且机器连线与电池的正负极接线正确，否则，蓄电池容量检测仪无法正常工作并可能会导致电路损坏。

3）转动放电波段调节开关，选择放电电流安数。12V/10~12Ah 蓄电池选 5A 放电，12V/14Ah 蓄电池选 7A 放电，12V/17Ah 蓄电池选 8.5A 放电，12V/20Ah 蓄电池选 10A 放电。

4）蓄电池放电截止电压为 10.5(1±0.1)V，当被检测的蓄电池电压下降到 10.5V 时，微电脑报警器发出报警，记录放电时间后，蓄电池检测即可终止（如用户关闭报警开关仍可继续放电）。

第七章 铅酸蓄电池脉冲修复原理和方法

5）放电完毕后，务必先转动放电调节开关到"关"，停止放电，再拔下蓄电池一端连线，然后关闭电源，拔下电源插头。

★ **4. 蓄电池容量计算公式**

放电时间×放电电流=蓄电池容量。例如：如果蓄电池外壳标称容量为10Ah，放电2h，放电电流设定为5A，那么检测的蓄电池容量为2h×5A=10Ah。

★ **5. 注意事项**

1）该仪器为精密电子仪器，要放置在通风良好的桌面上使用。

2）蓄电池在检测过程中会放出热量，仪器的后面板要距离墙不少于20cm。仪器侧面的散热孔不能被堵住，以免影响通风散热，造成仪器损坏。

3）仪器使用时先打开电源总开关，待蓄电池夹好后，再打开放电开关。仪器不用时，应先关闭放电开关，再关闭总电源开关，严禁带电插拔电池连线，以免造成机器损坏。

★★★ 第三节 蓄电池修复方法 ★★★

一、筛选可修复的蓄电池 ★★★

1）检测外观是否有变形鼓包、漏液、极头损坏、电解液发黑的现象，若有则蓄电池做报废处理，不能修复。

2）用万用表检测12V蓄电池，电压低于10.5V，高于13V的为有故障，应报废处理。万用表检测蓄电池电压如图7-14所示。

图7-14 万用表检测蓄电池电压

3）用蓄电池容量表测量蓄电池容量，低于红色刻度10.5V的蓄电池内部有故障，应做报废处理。蓄电池容量表检测容量如图7-15所示。

所修复的蓄电池使用年限一般在1~2年。

要修复的蓄电池必须无变形鼓包、断格、短路等物理损坏，其中蓄电池的变形、漏液等可以通过肉眼看到，断路、短路也可以使用万用表和容量检测表检测出来，初始容量可以通过充、放电的办法得到一个较为准确的数字。

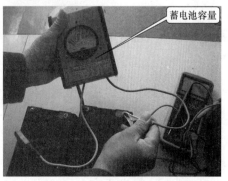

图7-15 蓄电池容量表检测容量

只有电解液浑浊且发黑不易检查。首先检测蓄电池的密封情况,确定蓄电池无漏液后,晃动蓄电池,使液体和极板充分融合,再用注射器将电解液吸出,看液体是否浑浊和发黑。若出现电解液变黑,说明蓄电池极板已经软化脱粉了,此时该蓄电池应不具有修复的可能;若电解液颜色正常,则可以确定蓄电池容量下降的主要原因应该为极板硫化所引起的。这样的蓄电池就可以使用蓄电池智能脉冲修复仪进行修复。

二、电动三轮车小容量蓄电池的修复方法 ★★★

下面以 LY-9 蓄电池检测修复组合柜为例说明其修复方法。

★ 1. 开盖加水

将一字形螺丝刀顺小孔平行推入上盖,将所粘接的胶推开,注意打开时不要损坏上盖,等上盖脱离后取下上盖。打开上盖如图 7-16 所示。

图 7-16 打开上盖

打开上盖后将安全阀和吸水棉取下,保存好,以备以后封口时使用,如图 7-17 所示。

打开蓄电池上盖后,使用注射器加入补充电解液。加到从阀孔处能看到电解液即可。加水的作用是补充蓄电池内电解液的不足和防止修复时将蓄电池充坏。加入补充电解液如图 7-18 所示。

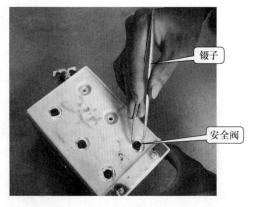

图 7-17 取下安全阀和吸水棉

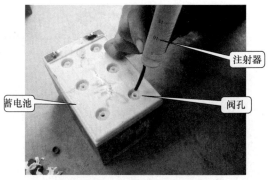

图 7-18 加入补充电解液

★ 2. 初始检测放电

插上仪器的电源线,打开电源开关,数字仪表显示"00.0V",说明仪器起动正常。将红色鳄鱼夹接蓄电池正极,黑色鳄鱼夹接蓄电池负极,连接完毕后,仪器上数字电压表显示在线蓄电池电压，此时显示的为已连接蓄电池的空载电压。首先向上拨动打开报警开关，然后转动电流选择开关，放电检测电流选为5A，仪器开始放电检测，蓄电池电压开始下降，当放电到10.5V（放电截止电压）时，报警器鸣响，用记号笔记录初始放电时间。然后向下拨动关闭报警开关，仪器仍可继续放电，将蓄电池深放电到3～5V（零放电是一种概念，实际上蓄电池是不能放到0V的，这是由于蓄电池的化学特性，所以将蓄电池放电到3～5V即可），注意零放电只可进行一次，如图7-19所示。

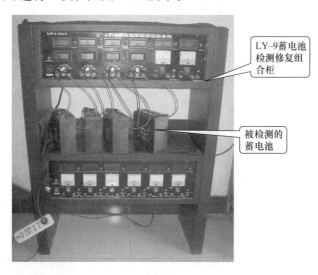

图7-19　蓄电池容量检测

> **相关知识**
>
> 蓄电池放电检测容量，国家标准为2h率，即新蓄电池放电时间为2h。蓄电池容量计算公式：放电时间（h）×放电电流（A）=电池容量（Ah）。所以，10Ah蓄电池应选5A放电检测，14Ah蓄电池应选7A放电检测，17Ah蓄电池应选8.5A放电检测，20Ah蓄电池应选10A放电检测。例如，蓄电池外壳标称容量为10Ah，放电电流设定为5A，放电1h，那么被检测的蓄电池容量为标称容量的50%。

★3. 修复充电

将放电后的蓄电池马上从检查端取下，放入修复一层。将蓄电池按说明书的要求，分别接红、黑接线柱，打开修复开关，仪表上显示修复电流。修复时间为10～12h，如图7-20所示。

★4. 再次检测放电

修复充电时间到后，将蓄电池重新接检测放电端子，进行放电检测，到10.5V时停止检测，记录放电时间。这次检测的目的一是与初始容量进行对比，二是为蓄电池配组提供依据。

★5. 再次修复充电

将放电时间到后的蓄电池接修复端子，重新修复充电10～12h。修复中注意保持蓄电池

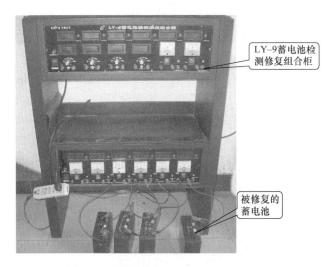

图 7-20 修复充电

不缺水。

★ 6. 封口

修复时间到后,让蓄电池晾 1~2h,等蓄电池降温后,将蓄电池口向下,倒出多余的电解液。擦净上盖,将吸水棉和安全阀复原。用 PVC 胶将上盖封好。注意不要将上盖的排气槽堵塞,如图 7-21 所示。

★ 7. 配组装车

等胶晾干后,将电压差不超过 0.1V,放电时间不超过 5min 的蓄电池配成一组装车。

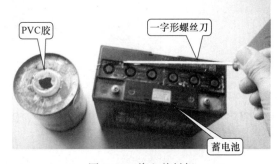

图 7-21 将上盖封好

三、电动三轮车大容量蓄电池的修复方法 ★★★

★ 1. 开盖加水

电动三轮车类大容量蓄电池上盖的安全阀一般是螺旋式阀帽,逆时针旋转即可取下阀帽。按说明的剂量加入蓄电池专用修复剂,如果加入修复剂后电解液还达不到最高刻度线,再加入补充电解液。打开安全阀如图 7-22 所示;加入电解液如图 7-23 所示。

图 7-22 打开安全阀

图 7-23 加入电解液

第七章 铅酸蓄电池脉冲修复原理和方法

★ 2. 初次检测放电

将加好电解液的蓄电池接仪器的放电检测端进行放电。插上仪器的电源线，打开电源开关，数字仪表显示"00.0V"，说明仪器起动正常。将红色鳄鱼夹接蓄电池正极，黑色鳄鱼夹接蓄电池负极，连接完毕后，仪器上数字电压表显示在线蓄电池电压，此时显示的为已连接蓄电池的空载电压。首先向上拨动打开报警开关，然后转动电流选择开关，放电检测电流选为10A，仪器开始放电检测，蓄电池电压开始下降，当放电到10.5V（放电截止电压）时，报警器鸣响，用记号笔记录初始放电时间。这时向下拨动关闭报警开关，仪器仍可继续放电，将蓄电池深放电到3～5V，注意深放电只可进行一次。蓄电池放电检测如图7-24所示。

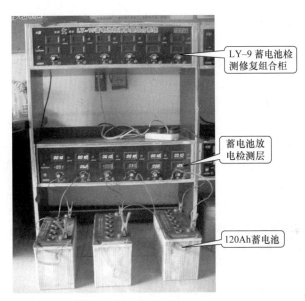

图7-24 蓄电池放电检测

★ 3. 修复充电

1）将深放电的蓄电池马上从检查端取下，放入修复一层。将蓄电池按说明书的要求，分别接红、黑接线柱，打开修复开关。

2）将修复时间设定为10h，然后按启动键开始工作。

3）观察电流表，应有修复电流，修复过程中注入蓄电池的水一定要保持在富液状态。

4）设定时间到后，机器自动停止。

★ 4. 再次检测

修复充电时间到后，将蓄电池重新接检测放电端子，进行放电检测，到10.5V时停止检测，记录放电时间。这次检测的目的一是与初始容量进行对比，二是为蓄电池配组提供依据。

★ 5. 再次修复充电

将放电时间到后的蓄电池接修复端子，重新修复充电10～12h。

★ 6. 封口配组

修复时间到后，让蓄电池晾1～2h，等蓄电池降温后，擦净上盖，将安全阀复原。然后将电压差不超过0.1V，放电时间不超过5min的蓄电池配成一组装车。

> **注意事项**
>
> 1）充电过程中，会冒泡，属正常现象，但要注意不要让电解液溢出阀孔，若溢出，应使用吸管吸掉。
> 2）充电过程中，电解液可能出现发黑混浊，如发黑较轻且是个别孔，可用吸管吸掉，再补充上新的补充液；如果每个孔都发黑严重，应停止充电，做报废处理。
> 3）充电过程中，蓄电池应有温升，用手摸有温暖感，应不烫手。
> 4）总结蓄电池的修复过程，可称为"两放两充"，所以商业维修需1~2天时间。
> 5）修复20Ah以上容量的蓄电池时建议先加入蓄电池修复剂，如电解液不足，再补充电解液。
> 6）蓄电池在充放电修复过程中，电解液中的水会因为电解和蒸发而逐渐减少，导致电解液液面下降。如果不及时补充的话，有可能缩短蓄电池的使用寿命，应及时补充蒸馏水或补充液，使电解液保持在饱满状态。
>
> 给蓄电池添加电解液或补水时注意以下几点：
>
> 1）电解液高度超过极板1.0~1.5mm即可。对有两条红线的，电解液不得超过上面的那条红线。电解液太满时会从蓄电池盖的小孔中溢出。因为电解液是导电的，一旦流到蓄电池的正负极之间，就会形成自放电回路。遇此情况时就应将电解液擦掉，或用水冲洗干净。
> 2）加电解液时若有东西不慎掉入，千万不能用金属物去捞，应用木棒夹出杂质。如用铁丝或铜丝去捞，金属分子会在硫酸的腐蚀下进入蓄电池内形成自放电，损坏蓄电池。
> 3）蓄电池电解液有腐蚀性，不要弄到眼中和身体上，请远离小孩和家人，如不慎接触，应立即用清水冲洗。

四、蓄电池修复不好的原因 ★★★

1）蓄电池正负极软化，在补充液体时会发现吸出的多余电解液中有黑色杂质，如果黑色杂质较多，就是正极板软化排出的，这样的蓄电池基本上无法修好，只能报废。

2）修复30min，测蓄电池电压，若低于11V，则可能蓄电池内部断路，蓄电池应报废。

要保证蓄电池的修复效果必须做到以下几点：
1）蓄电池本身内在质量应该保证，极板及各种状态应正常。
2）蓄电池配组时应精挑细选，特性完全一致是性能可靠的保证。
3）蓄电池维修仪器的修复作用及正确的维修方法。

五、蓄电池修复后配组 ★★★

蓄电池修复好后，要进行蓄电池配组，否则达不到蓄电池修复的效果。蓄电池配组时所串联配组的蓄电池容量差越小越好，蓄电池组中最高容量与最低容量差应≤5%，并且容量

第七章　铅酸蓄电池脉冲修复原理和方法

分布合理、连续，避免忽高忽低。蓄电池开路端电压相差在±0.1V以内。

★ 1. 蓄电池配组方法

配组前应预先充分检测蓄电池充放电曲线，经过两充两放电，曲线和容量完全相同的，充电后和放电后开路电压是一致的，这样的配成一组，在使用中它们的同步性肯定良好。放电同时达到终止，充电同时达到充满，都能充分发挥最大能量，到最后同时达到寿命终止期，可以看作最理想状态。

★ 2. 配组时蓄电池的更换方法

1) 以旧换旧：挑选一块旧的但并未报废的蓄电池与原组剩余两块蓄电池配组。测定它的容量、充电后和放电后的开路电压，是否与原组剩余两块蓄电池一致或接近（容量差在5%以内，开路电压在±0.1V以内）。配组后继续使用到蓄电池寿命终结。

2) 以新换新：蓄电池组寿命在一年内的1/3时间内，甚至只用了很短时间，某块成为问题蓄电池，经鉴定无法使用时，应选择新蓄电池或用过的新蓄电池，按以上条件更换，但差异应缩小，容量差在1%内，电压相差在0.5V以内，差异越小，整组蓄电池寿命和充放电性能越好，也能保证电动三轮车的续驶里程。

3) 用新蓄电池替换旧蓄电池是不科学不经济的。新旧蓄电池永远不会同步工作，不仅特性相差很远，而且充放电终止电压也有区别，容量更是最大问题。同样用旧蓄电池替换新蓄电池也不可行。

上述方法称为"同龄替换法"，即蓄电池不仅特性一致，且处于相同龄期，它们能更好地协调工作。

附　　录

★★★ 附录A　电动三轮车常见故障与维修排除表 ★★★

故　障	原　因	排　除
接通电源后电压表无指示	1）蓄电池接头连线接触不良 2）连接线短路后，熔丝熔断 3）电压表内脱焊线	1）重新紧固 2）查出短路线，调换熔丝 3）重新焊好
有电压指示但电动三轮车不走	1）制动断电开关损坏或未复位 2）蓄电池极头接触不好 3）蓄电池电压太低、接触器未吸合 4）电动机线脱落	1）换开关或重新调整位置 2）重新紧固极头上的连线 3）重新充电，或检查电池是否故障 4）重新连接好电动机引线
有高速无低速、刹车断电失灵	1）调速器损坏 2）接触器触点烧坏 3）刹车开关损坏	1）更换调速器 2）更换接触器 3）刹车开关修复或更换
充不进电	1）充电机熔丝损坏 2）整流桥损坏 3）充电电流调节开关损坏	1）更换熔丝 2）更换整流桥 3）更换开关
刹车不正常	1）双刹不同步 2）刹块磨损	1）调节两边后刹调节螺丝 2）更换刹块
链条脱链	1）链条过松 2）电动机调节倾斜	1）调整链条松紧 2）调电动机角度
电动机不转或无力	1）电刷磨损 2）换向器磨损或转子烧坏 3）电动机烧坏	1）更换电刷 2）更换转子 3）更换电动机
电动三轮车飞车	1）转把损坏或地线脱落 2）控制器损坏	1）更换转把或连接好地线 2）更换控制器
电动三轮车只能进不能退	正反转开关损坏	更换正反转开关

★★★ 附录 B　电动三轮车飞车故障与维修流程图 ★★★

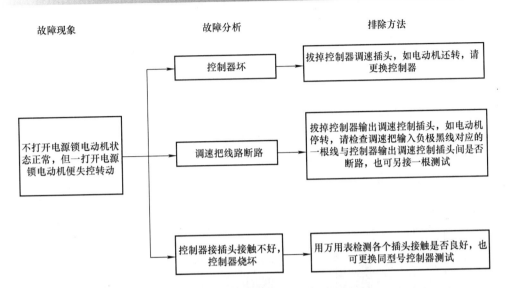

★★★ 附录 C　电动三轮车防盗器接线图 ★★★

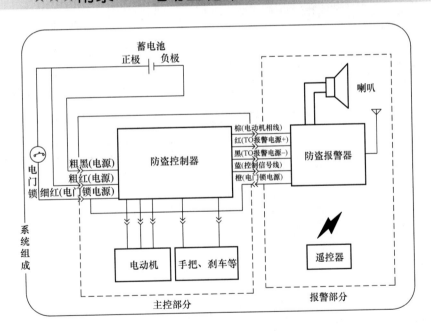

★★★ 附录D 立马电动三轮车电气原理图 ★★★

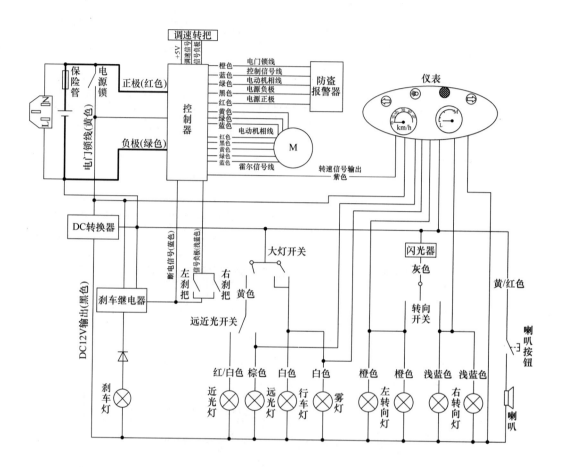

★★★ 附录E 有刷电动三轮车电气接线图 ★★★

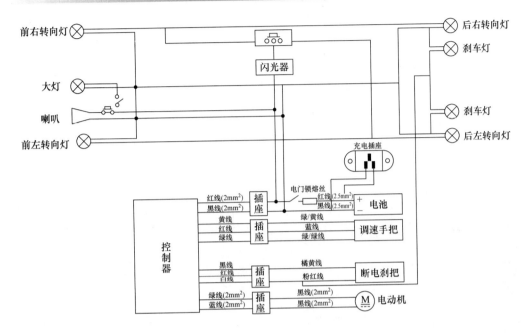

附录 F 48V/1000W 串励电动三轮车控制系统图

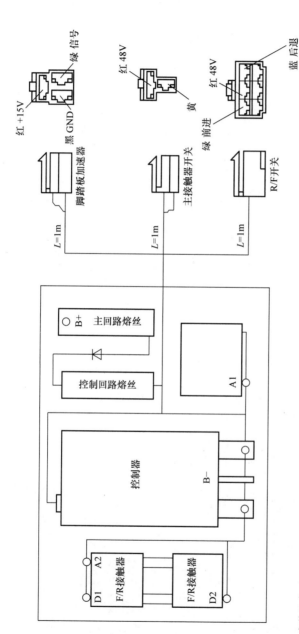

附录G 电动三轮车常用配件

48V/350~500W 差速机头	60V/500~800W 差速机头	48V/350~500W 中置无刷电动机
24V/36V/48V 新中置电动机	48V/350~500W 中置有刷电动机	36V/48V 中置高速电动机
差速风扇电动机 350~800W	汽车差速电动机 500~800W	24V/36V/48V 串励电动机
24V/36V/48V 串励无刷电动机	一体后桥差速电动机 36~72V/350~3000W	分体后桥差速电动机 36~72V、350~1200W
重型电动机 36~72V、350~3000W	四轮齿轮电动机 36~72V/350~800W	变速电动机 48~72V、500~1200W
风扇电动机 36~72V（350~1500W）	一箱体电动机 48V（350~500W）	四孔链条电动机 48V（350~500W）
五孔平盖电动机 48V（350~480W）	十孔无刷电动机	350~500W 差速电动机及后桥
汽车差速电动机（500~1000W 电动机）	500~800W 带风叶差速电动机及后桥	各种车型半轴后桥
双驱中置后桥	350~500W 新铝壳差速电动机及后桥	110 差速电动机及后桥
差速电动机配件	差速电动机插头	差速电动机线圈及差速器垫
300~12 四孔板轮	16~2.5 前轮	300~10 前轮
16~3.0 太子前轮	300~10 八孔前轮	各种刹车总成
130、160 刹车块	太子不锈钢车把	太子横杠车把
上、下联板（铁）	上、下联板（铝）	各种规格差速齿轮
130/160 球墨刹车锅	各种型号链盘	各种电动机轮、台轮及固定飞轮
不锈钢一体灯耳	不锈钢分体灯耳	新款转向灯及后尾灯
全铝刹车及太子新款把座	助残泥瓦	48V/60V 电镀电感仪表
金凤仪表	48V/60V 电感及里程仪表	双色大五代后视镜
48V/60V 太子摩托型仪表	48V/60V 太子电镀仪表	电量表
五羊后视镜	新款后视镜	三轮车专用倒挡及三挡变速转把
三轮车长线转把	60~120Ah 蓄电池	电动三轮车控制器
24V/36V/48V/60V 充电机	电动三轮车自学习控制器	48V/500W 有刷控制器
1000W 无刷控制器	800W 无刷控制器	倒挡器芯
1000~3000W 无刷控制器	倒挡器	铁脚踩加速器
大小组合开关	24V/36V/48V/60V 直流接触器	滑板电子转子
汽车脚踩加速器	永磁减速电动机转子	各种大灯
行程开关	继电器	48V 双音喇叭
三功能开关	各种规格电刷及电刷架	空气开关
12V/24V/36V/48V/60V 四合一及倒车喇叭	12V/24V/36V/48V/60V 语音喇叭	各种规格链条及链扣
小太子前头	各种刹车簧	18~315 液压前叉
18~315 加粗前叉	双肩外簧前叉	各种规格调节拉杆
太子减振器	各种规格电动机轴	各种刹车拉杆
各种规格半轴	手刹及各种规格前轴闪光器	电动机板、压板

（续）

各种规格液压支杆	各种规格钢板	单开门车厢
各种规格冲压件及把管	三开门车厢	三开门车架
三开门座桶	单开门座桶	四球太子车架
通梁车架	四球太子双钢板车架	各种刹车线
各种电源锁	各种弯头线	16寸/18寸中电钢轮
各种车型线束	16寸/18寸板圈后轮	各种内外胎
18寸五星侧轮	16寸/18寸五星前轮	半轴后桥专用链盘
加长三轮车电动机线	中置电动机专用链盘	23T~28T锻打小链盘
28T~42T单链盘	530、420型链条及小链轮	无齿飞轮、活飞轮、固定飞轮
530型链轮、链盘	160、130型球墨刹车锅	10.3g/m³电池补充液
五孔三轮车黄接线盒	三轮车电刷架	串励电动机电刷
货运三轮车用长线转把	万能三轮车手刹线	三轮手刹
高中低速、倒车转把	三轮车专用四芯好喇叭	125涨刹块
中刹车块	最大刹车块	前进倒退把上的开关
倒顺开关（大）	12V倒车语音喇叭	三轮车整车线束
三轮车48V/60V电量仪表	24V/36V/48V/60V接触器	行程开关
串励电动机轴承（6205型）	48V三轮充电机	60V三轮充电机
48V/120A电子充电器铝壳	60V/120A电子充电器铝壳	36V/600W有刷控制器（保半年）
48~60V/1000W有刷控制器（保半年）	2.5-14三轮车内胎（一般）	2.5-14三轮车外胎（一般）
2.75-14三轮车外胎（朝阳）	2.75-14三轮车内胎（朝阳）	2.25-17三轮车外胎（朝阳）
2.25-17三轮车内胎（朝阳）	朝阳电摩真空大力神加强3.00-10	三轮车上大轮盘
电机上小轮盘	428链条	三轮车大充电插头
4.5-12刹车锅（大货运三轮）	16-3.0刹车锅	三轮车125刹车锅
铁键	电池补充液	齿轮油管装
三轮车尾灯左右总成	三轮48V仪表总成	货运三轮左右把开关总成
三轮车用10丝倒车镜	36V/48V、500W有刷电动机（直头）	48V/500W无刷电动机（中置）
48V/1000W串励电动机	三轮车用前震（普通）	三轮车用前震（液压）（70cm）
前泥瓦	三轮车用车把	三轮车立柱
三轮车弹簧钢板	大安三轮车簧钢板	半封闭铁车棚
前大灯	三轮车上的左右转向灯	三轮车棚圆形左右转向灯